日本軍「慰安婦」ハルモニが叫ぶ
ゆるぎない希望

20年間の水曜日

尹美香/著　梁澄子/訳

雨が降っても、雪が降っても

病に臥していても

日本大使館前

水曜日12時

それは 희망 でした

希望

※筆書きのハングル「희망」は「希望」の意味。以下写真説明の「ハルモニ」は「おばあさん」の意味。

崔甲順《チェガプスン》ハルモニ

ソン・ナミハルモニ

パク・チャムスンハルモニ

朴玉善《パクオクソン》ハルモニ

金玉珠《キムオクチュ》ハルモニ

朴玉 蓮《パクオンリョン》ハルモニ

孔《コン》点《ジョン》葉《ヨプ》ハルモニ

イ・ギソンハルモニ

20年間の水曜日

尹美香 著　梁澄子 訳

東方出版

目次

はじめに

20年、それは
希望の歴史です

2010年の早春、まだ肌寒さの残る水曜日でした。その日も、日本大使館前では水曜デモがおこなわれていました。そのデモには、いつものように大勢の学生が参加していました。その日はたまたま、こんな質問で水曜デモを始めてみました。

「学生のみなさん、今年がどんな年か分かりますか？」

私の問いかけが終わるとすぐに、男子生徒の一団が自信満々に大きな声で答えました。

「ワールドカップが開催される年です！」

私はちょっと戸惑いました。水曜デモの場で、そんな答が飛び出すとは思ってもいなかったからです。

確かに、2010年はワールドカップが開かれる年です。でも、同時に必ず知っておいてもらいたいことがあります。2010年は、日本が不法に強制併合条約を締結して朝鮮を植民地にしてから100年目に当たる年だということです。そしてもう一つ、2010年が身を削るような闘いの日々として記録される人々もいます。日本軍「慰安婦」ハルモニ（おばあさん）たちと「韓国挺身隊問題対策協議会」（挺対協）が日本軍「慰安婦」問題の解決を求めて活動を開始してからちょうど20年になる年だからです。

1990年に結成された挺対協は1992年、日本軍「慰安婦」ハルモニたちと共に、最初の水曜デモを開催し、現在生存していらっしゃる80人ほどのハルモニたちが、今も日本政府に対して問題解決を要求してデモを続けています。毎週水曜日12時に日本大使館前で開かれているこの水曜デモは、世界で最も長く続いたデモとして記録されています。これほど長い間デモをしているということは、過去の歴史が清算されていないことを意味しています。また、日本政府と韓国政府が反省していないということも意味しています。

では、なぜハルモニたちは寒くても、体調が悪くても、水曜デモに出てくるのでしょうか。それは、被害者にとどまっているのではなく、堂々と自身の生を証言する力を示すためです。戦争によって強いられた残酷な経験を、勇気を持って証言し、若い人たち以上に力強く世界各国を駆けまわって日本軍「慰安婦」問題を知らせ、問題解決のため協力してくれる仲間を増やしていく姿。二度とこの地に同じような悲劇が起きてはならないという願いと、どのような困難の中でも平和と人権の価値を守ろうとするハルモニたちの勇気と忍耐。それこそが水曜デモの真骨頂です。

私たちは記憶しなければなりません。そして、学ばなければなりません。日本軍「慰安婦」問題から出発しましたが、性売買被害女性たちに手を差しのべたハルモニたち、米軍基地村被害女性たちに堂々とたたかうべきだと激励したハルモニたち、他の戦争被害者たちに連帯を約束したハルモニたちの姿から、自分だけではない他者のために希望を叫ぶ、みんなのための夢を。私は、ハルモニたちのそんな夢が、未来の歴史をつくる若いみなさんの心に伝わることを心から願っています。

このような気持ちを『20年間の水曜日』に込めて伝えるため、出版を企画し力添えしてくださった出版社ウンジンジュニアに感謝します。ハルモニたちの生と挺対協の運動の意義を伝えるために絵や写真、文で参加してくださった方たちにも感謝いたします。

これまで水曜デモを続けてくるうえで内なる力になってくださった、今は故人となった金学順《キムハクスン》ハルモニ、姜徳景《カンドッキョン》ハルモニ、金順徳《キムスンドク》ハルモニを思うと、今も涙が出ます。この方たちにとって、この本が少しでも慰めになることを願います。挺対協初代代表の尹《ユン》貞《ジョン》玉《オク》先生、李《イ》効再《ヒョジェ》先生の人生は、私の人生の里程標でもあります。お二人の変わらぬ支持と信頼に深く感謝いたします。

初期には冷淡だった社会の雰囲気と、後ろ指をさす市民の冷たい視線にもかかわらず、堂々と水曜デモを守ってくださったハルモニたち、今では他の誰よりも素晴らしい歴史教師、平和人権活動家となり、今日も水曜デモを守ってくださるハルモニたちに、この本を捧げます。

2010年11月

尹《ユン》美香《ミヒャン》

BRUARY 18

水曜デモ、
私たちは皆、つながっている

20年間の水曜日がもたらした貴重な変化

水曜日12時、そこには

ソウル市鍾路《チョンノ》区《グ》中学洞《チュンハクトン》の日本大使館前に、50人ほどの人が集まっています。正午が近づくと、赤いワゴン車が１台、大使館の反対側の道路に停まります。そして白髪のハルモニたちが降りてきます。ハルモニたちを歓迎する声があちらこちらで上がります。ハルモニたちを迎える人々は、国籍も、年齢も、性別もまちまちです。日本人もいれば、金髪の西洋人もいます。子ども、女子高校生、おばさん、おじさん、おじいさん、おばあさんまで。一カ所に集まっているのを見ると少し奇妙に感じるかもしれない人々です。

大使館前には警官隊が並びます。そして喚声があがります。ランチタイムのソウルのど真ん中で、性別や国籍の異なる人々が声を合わせて叫びます。

「日本政府は日本軍『慰安婦』に対し公式謝罪し賠償せよ！」

しかし、日本大使館はびくともしません。驚いて窓を開ける人もいなければ、事態把握のため慌てて駆けまわる人もいません。大使館は、赤い煉瓦で塀を築き鉄条網をはりめぐらせて、大きな鉄扉を固く閉ざしています。建物の真ん中に設置されている無人カメラだけが通りの反対側でデモする人々を見渡し、屋上の日の丸は何ごともないかのように、パタパタとはためいています。

第875回水曜デモは、いつものように進められます。依然として何らの関心も示さない日本政府と日本大使館、そして相変わらず平和と人権を叫ぶハルモニたちの姿が、いつの間にか20年近く続けられてきました。

この通りを初めて通る人は珍しげにこちらを見ます。

「これは何だ？　どうして通りを塞いでいるんだ？」

何気ない通行人の一言が、夏の日差しのように熱く突き刺さります。日本が朝鮮を植民地にし、幼い少女を拉致して性暴行を加えたことは、今やあまりにもよく知られた事実です。よく知られているために、逆に水曜デモは日常的な集会となり、日常的な叫びになってしまったのでしょうか。

でも、そんな思いは杞憂でした。徐々に人が増え、喚声も大きくなっていきます。大使館前に並んでいた戦闘警察も、口元に笑みを浮かべて『岩のように』という歌を一緒に歌っています。もちろん、大きな声で歌うことはできませんが、口を動かして一緒に口ずさんでいるのが分かります。長い間、水曜デモを見てきた警察隊員なのでしょう。どういうわけか、固く閉ざされていた大使館の窓が、ほんの少し開きます。そして、大使館職員らしき人物がデモ参加者たちを見ています。水曜デモが始まって以来、初めて大使館が反応を示したのです。積極的な反応でも、公的な反応でもありませんが、私たちにとってはそんな小さな動き一つでも、貴重な変化なのです。

私たちは皆、つながっている

参加者たちを囲む小さなポリスライン。そこが私たちの舞台です。小さいけれど参加者たちにとっては大切な空間です。猛暑と通行人たちの冷たい視線にもかかわらず、デモは続けられます。参加者同士の心と心が通じるだけでも楽しい催しです。今日のデモの大事なイベントの一つは『劇団水曜日』[1]の寸劇です。『劇団水曜日』は、日本の市民がつくったものです。演劇という手段で、ハルモニたちの辛い体験を知らせ、水曜デモを応援しようという取り組みです。

この日は『セナの願い』という公演でした。ポリスラインの中でおこなわれる寸劇です。音響施設もなく、韓国語も上手ではない日本人が熱い日差しの下、マイクの受け渡しをしながら演技をします。参加者たちは、彼らの公演を真剣に観ています。

主人公のセナは、日本人の小学生たちに「朝鮮人」と蔑《さげす》まれます。何の理由もなく、朝鮮人であるために迫害を受けるのです。セナは言います。「ハルモニは『周りの人たちとつながっていることを忘れるな』とおっしゃった。そして、『過去につながっていること、未来につながっていくことを忘れるな』とおっしゃった（中略）ハルモニが18年という長い時を闘い続けてこられたこと、60余年の長い時を生き抜いてこられたこと、それが私の希望です」

20分弱の短いパフォーマンスでしたが、メッセージは明確です。日本人であれ、韓国人であれ、私たちは皆、つながっているということ、そして真実のために、みんなのために生きることが唯一の希望だということです。日本人で構成された劇団の短い公演でしたが、その余韻は深いものでした。

公演が終わると、誰もが歓呼を上げました。内容を十分に理解できない西洋人たちも激励の拍手を送ります。演技者たちの真心が、言葉や文化の壁を越えて伝わったのです。私たちはみな、つながっているのですから。

いくつかの問い

「あ、ここだ！」遅れて来た女子高校生３人が大急ぎで走って来ました。顔は赤く上気しています。ソウルの鍾路《チョンノ》通りで道に迷っていた様子です。生徒たちは手帳やカメラを取り出して一生懸命に取材を始めました。生きている歴史の現場。水曜デモのもう一つの名称です。夏休みに入ると小学生から大学生まで、デモに参加するハルモニたちに会いに来ます。

京畿《キョンギ》道《ド》披州《パジュ》市汶山《ムンサン》の女子高校生たちも、夏休みに入りデモに参加しました。水曜デモに参加して感想文を提出すると言っています。韓国近現代史の課題だそうです。「学校では日本軍『慰安婦』についてどんなふうに教えているの？」とチュヨンという生徒に聞いてみました。髪をかき上げながら「簡単に習っています」と答えます。横にいたヒョナがすかさず続けます。「あのう、挺身隊のハルモニたちが連れて行かれて苦労されたことを……」生徒たちが日本軍「慰安婦」についてどう理解しているのか知りたくて、さらに聞いてみました。「挺身隊と慰安婦はちょっと違うんじゃないかしら？」チュヨンとヒョナは、分かっているのかいないのか、「はい、少し違うみたいですけど……」言葉尻を濁します。

日本軍「慰安婦」問題について教科書で多くのページを割くのは難しいようです。従って、多くの時間を割き学校で教わることもできなかったようです。先生はおそらく、この生徒たちが現場に行けばもっと多くのことを学んで来るにちがいないと思ったのでしょう。テレビや新聞、教科書を通して知る以上に、デモに参加して心を一つにしてハルモニたちを応援すれば、より多くのことが分かると思ったにちがいありません。

一生懸命にスローガンを叫び、取材もし、写真も撮る生徒たちが、ハルモニたちの心強い支えになっていると感じます。「ハルモニたちはなぜ、毎週欠かさず水曜デモに参加するのだろうか？　私の母や父が生まれるよりも前のはるか昔に、ハルモニたちにどんなことが起きたのだろう？　慰安婦？　挺身隊？　ハルモニたちをどう呼べばいいのだろう？」たくさんのことが疑問として湧いてきている様子です。

一つひとつの問いについて説明してあげたい衝動にかられますが、生徒たちが自ら知っていくことが大事だと、思いとどまります。遠くから訪ねて来た生徒たちが、一生懸命に考えていることだけでも十分だと思います。彼女たちが大人になって、母となり、祖母となっても、真実は変わりません。そして彼女たちの息子や娘たちが、その真実を語り継いでいくでしょう。それで十分です。もちろんその前に、日本政府の公式謝罪と賠償がなされ、このようなデモがなくなれば、もっとありがたいことですが。

慰めではない激励

1時間ほどの賑やかな宴の後、何ごともなかったかのように、通りは静かになります。ある青年が、まだ取材する内容が残っているのか、大使館の前でメモをとっています。デモが終わった後でも一生懸命な学生の真摯な姿が頼もしく映ります。某大学の社会学部に通うキム・サンヒョン君です。「遅くなってすみません」キム君は、軍への入隊を控えて、すべきことを決めていたと言います。そのうちの一つが、水曜デモだと言うのです。

「日本軍『慰安婦』問題を調べてみて、すごくショックを受けました。入隊したらなかなか時間が自由にならないと思って、今日参加しました」ホームページで参加申込みをしなかったので、発言のチャンスが得られず残念だったと言います。「ハルモニ！　頑張って！」という言葉を伝えたかったのに、と。そしてこんなことも言いました。

「来る前は、どんなふうに慰めようか、どんな言葉で元気づければいいかと考えていましたが、デモに参加してみて、僕がかえって元気をもらったような気がします。デモは平和的で、参加者の顔は幸せそうに見えました。これは、抗議デモというよりは、平和と人権という価値がまだ生きていることを証明する行事に近いと感じました」

水曜デモも、いつの間にか900回を超えて1000回をめざして走っています。たくさんの人が水曜デモに参加し、私たちは本当にたくさんの縁で結ばれてきました。頼もしい学生もいれば、娘を育てるお母さんもいました。障害を持つ人もいれば、日本軍「慰安婦」被害者たちと同じ時代を生きた人もいました。軍人も、政治家もいました。そのような人々と貴重な縁を結ぶことができた理由は一つです。それは、「私たちは皆、つながっている」という責任感です。

世界は共につくっていくものだという考え方は、私たちを歴史的な真実に導きます。偏見や独善を捨てて、お互いの痛みをいたわることがすべての始まりです。ハルモニたちを慰めに来て自分が慰められて帰るというキム君の言葉のとおり、私たちの歴史の授業は、慰めと激励の繰り返しの中で完成していくものなのかもしれません。

[1]**『劇団水曜日』**：2004年、宝塚市政50周年イベントで起きた朝鮮学校生徒への差別事件を契機に、差別問題や日本軍「慰安婦」問題解決のため演劇を通じて活動している市民団体。

美しい名称と汚い名称

挺身隊、慰安婦、そして日本軍「慰安婦」

挺身隊と呼んではいけないの？

「慰安婦」という名称と「挺身隊」という名称は、どのように生まれたのでしょうか？　日本によって性奴隷とされた女性たちを、ある人は「慰安婦」と呼び、ある人は「挺身隊」と呼びます。「挺身隊」という言葉はハルモニ、ハラボジたちがよく使うようです。この二つの名称にはどのような違いがあるのでしょうか？　結論から言うと、この二つの名称はどちらもあまり良い意味ではありません。もしかしたら、この本を読んでいるみなさんが、この問題に関心を持ち続けて活動しながら新しい名称をつくった方がいいのかもしれません。

どんな名称で呼んだとしても、日本軍がはたらいた蛮行は厳然たる事実で、その事実は決して変わらないと考える人もいるでしょう。でも、それは違うと思います。人が特定の事件や人物についてどう考えているかは、名称に如実に表れるからです。「慰安婦」や「挺身隊」といった名称も同じです。この名称から、私たちは日本がはたらいた蛮行の性格と特徴、そして何よりもその名称をつけた人々の価値観を窺《うかが》うことができます。

これらの名称の意味を正確に知って使うならば、日本軍「慰安婦」被害者とその支援活動をする人々を助けることになるでしょう。しかし、これらの名称に込められた隠された意味を正確に捉えることができなければ、被害を受けたハルモニたちを傷つけることになるかもしれません。実際に日本軍「慰安婦」問題が知られ始めた当初、名称について様々な議論がありました。日本軍「慰安婦」被害者を、自分の価値観に基づいて自分勝手に名称をつけて呼ぶようなことがよくありました。そのせいでハルモニたちが傷ついたことは言うまでもありません。

韓国では、日本軍の性奴隷制度のために犠牲になったハルモニたちを「挺身隊」ハルモニと呼んでいますが、できればこの呼称はやめていただきたいと思います。

挺身隊とは「国のために身体を捧げる」という意味で使われた言葉で

す。ここで「国」とは言うまでもなく、当時の日本のことです。日本が朝鮮の物資と人力を収奪したことは、よく知られた事実です。とりわけ1937年の日中戦争勃発から1945年の解放に至る植民地支配の末期には、朝鮮の人々が戦争遂行の道具として動員されるようになります。この頃に徴用された労働者たちは主に道路や鉄道、飛行場、神社などの建設に動員され、各種の軍事施設建設に派遣されました。この過程で強制動員を拒否した人は、ひどい暴力に苦しめられました。

徴用や徴兵で連れていかれたのは男性だけではありませんでした。女性も逃れることはできなかったのです。男性たちがいなくなった後方で労働力としてかり出されましたし、未来の兵士を産む母親として徹底的に戦争遂行の道具とされました。1944年8月には「女子挺身勤労令」が発布され、国家の命令で女性を徴発し始めます。実は、この命令が公布される以前にも、すでに女子挺身隊が日本の工場などに集団的に動員されていたことが、当時の新聞記事などの資料から分かっています。ここに「挺身」という言葉が使われていますね？　実際、「挺身隊」という名称は、男女を問わず国民を動員する人力動員政策を意味する用語です。「慰安婦」という名称とは全く違う意味を持っているわけです。日本軍「慰安婦」制度の被害者たちの証言にも、挺身隊という言葉はよく登場します。

「ある日、黄色い上着を着た人が一人、それから警察が来たんだよ。来て、おい、その子をテイシンタイ（日本語で発音）に送らなければならないと言ったの。それでお母さんがテイシンタイは何をするところかって聞いたら、軍人の軍服をつくる工場で人手が足りないから募集しているんだと。募集して行くんだけど、もし家でもう年も年だから親が嫁にやらないといけないと言って連絡すればいつでも返してあげるって言うんだよ。そう言われたら、行かないとは言えないじゃない。行かないって言ったら配給が完全になくなるんだから。親を完全に殺すことになる。それで釜山港第２埠頭に行ったら、大きな倉庫に私みたいな女たちが20人くらいいて、みんな工場に行くと思ってそこに来ていたんだよ」金福童《キムボクトン》

挺身隊という名は、当時たくさんの人々に「国民を強制労働に動員する制度」として知られていました。ところが金福童ハルモニは「挺身隊」という名で募集されて日本軍の性奴隷制度の被害者になってしまったのです。金福童ハルモニの他にも、似たような証言をしているハルモニがいらっしゃいます。このような当時の状況から、挺身隊という言葉に対して、労働力動員と日本軍「慰安婦」動員まで含む言葉として捉える人が多かったのです。

被害当事者たち以外にも、日本の植民地支配当時を生きた人々には、「挺身隊」と「慰安婦」という言葉がはっきりとは区別されず、どちらも「挺身隊」と呼ばれていました。解放後、日本軍「慰安婦」問題を解決するための運動が始まった1990年代の初め頃、人々は日本軍「慰安婦」問題について「挺身隊問題」、被害者たちを「挺身隊ハルモニ」と呼んでいました。日本軍「慰安婦」問題を解決するため1990年代に結成された代表的な団体である韓国挺身隊問題対策協議会と韓国挺身隊問題研究所も、その名称に「挺身隊」という言葉を使っています。

しかし、挺身隊という言葉の中には女性を性的な奴隷にするという意味がないばかりか、実際に日本の工場に勤労挺身隊として連行されて労働力を奪われた女性たちが「慰安婦」だったと誤解される問題が起きました。そこで、なるべく日本軍「慰安婦」制度について話す時には、挺身隊という言葉は使わない方がいいと、申し上げたのです。重要な問題なので説明が少し長くなってしまいました。

名称に関することではありませんが、ハルモニの証言にはもう一つ注目すべき事柄があります。当時、幼い少女が家族の生計のために、自分の意思とは関係なく、厳しい道に追い込まれたという事実です。本当に恐ろしいことだと思います。自分が犠牲にならなければ家族が配給を受けられないとしたら、それは大きな負担にならざるをえません。

沈清《シンチョン》[1]のことが思い出されませんか？　ところがこのようなことは、本当に頻繁に起きていたのです。決して美しい結末は期待できない残酷な童話です。この残酷な童話は、遠い夢の国の話ではありませんでした。わずか60年前に東アジア一帯で起きたことで、その主人公は他でもなく、みなさんと同じ年頃の幼い少女たちでした。

「慰安婦」、こんな美しい呼び名をつけるなんて！

「慰安婦」という漢字をそのまま解釈すると、「人を慰め、心を平安に（穏やかに）してくれる女性」ということになるでしょう。考えようによっては、かなり良い意味にも聞こえますね。人を慰めてくれる女性とは誰でしょう？　人それぞれに思い浮かべる人は違うでしょう。でも、温かくて美しく見えるこの名称に込められた意味は、本当におぞましいものです。

2007年12月６日、欧州連合（EU）議会で開かれた日本軍「慰安婦」問題の公聴会で、オランダの被害者プロフさん[2]は次のように証言しました。

> 「ある日、日本人将校が私たち少女を並ばせたんです。それから何人かの少女を指さしました。不幸なことに、私はその中に入っていました。そ

の後、彼らは私たちに新しい名前をつけました。『慰安婦』という名前です。『慰安婦（Comfort Woman）』、こんな美しい呼び名を私につけるなんて！　私は誰かを慰める女性ではなく、奴隷でした。それも性奴隷です」エレン・コリー・ヴァン・デル・プロフ

日本は、自らがはたらいた蛮行を隠すために、このように歪曲された美しい名前を見つけ出して、被害者たちに贈ったのです。戦争中におこなわれた人力動員と人権侵害の中で、女性を「慰安婦」として動員したことが、最も深刻な犯罪だったと言えます。

日本は、1930年代初めから1945年の第２次世界大戦終結までの間に、植民地朝鮮と台湾、そして中国などの占領地の女性たちを「慰安婦」として連行しました。もちろん、日本の女性も含まれていました。この時期の日本軍の文書の中には、このような女性たちを指す用語としていろいろなものが登場します。「酌婦《しゃくふ》」や「醜業婦」など、みなさんにとっては少し難しくて耳慣れない言葉で語られていました。そして1939年頃から日本軍の文書の中で「慰安婦」という言葉が登場し始め、その後、「慰安婦」という呼び方が定着して記録されています。

正確に表現すると、「慰安婦」という名称は、日本の強制徴用政策の中の日本軍の性奴隷制度を意味する言葉と言えます。このような理由か

ら、「慰安婦」という名に、歯ぎしりする被害者が多いのです。

「私には、お母さん、お父さんが付けてくれた、李容洙《イヨンス》という厳然たる名前があります。それなのに、『慰安婦』、どうして私が汚らしい日本軍の『慰安婦』なのですか？　私は、夜寝ている時に強制的に日本の軍人に引っ張って行かれたのです。私は『慰安婦』ではない、李容洙です」

李容洙

みなさんは、ハルモニが「汚らしい慰安婦」ではなかったと抗弁することから何を感じますか？　私は、韓国社会の「慰安婦」に対するイメージがどのようなものなのかを改めて考えさせられました。韓国社会も、「娼婦」「売春婦」「汚れた女」「純潔を失った女」など、これまで日本の右翼が言ってきたのと全く同じように、被害者たちを卑しめて一般人と区別してきたのではないでしょうか。そして「ファニャンニョン」という言葉が浮かびました。みなさんは「ファニャンニョン」という言葉を聞いたことがありますか？　朝鮮王朝時代に起きた丁卯胡乱《チョンユホラン》[3]と丙子胡《ビョンジャホ》乱《ラン》[4]については学校で習いましたね？　当時、朝鮮の女性たちが清に大勢連れて行かれました。役人や両班《ヤンバン》の妻たちも連れて行かれました。その中で丙子胡乱の後、故郷に戻って来た女性たちがいたのですが、その女性たちのことを当時の人々は「ファニャンニョン」（還郷女）と呼んだのです。結局この言葉は、彼女たちに「貞節、純潔を失った女」という烙印《らくいん》を押し、区別する言葉として使われるようになりました。今も使われる「ファニャンニョン」という言葉はこのようにして生まれた言葉なのです。言わば、その女性たちにつけられた烙印だったわけです。

李容洙ハルモニが強く拒否したのは、まさにこのような人々の認識だったのだと思います。絶対に受け入れられない名称だということでしょう。

もう一つ、この「慰安婦」という呼称は、被害者の立場から見た用語ではなく、加害者、軍人の立場からつけた呼称だということです。軍人たちから見たら、この女性たちが自分たちを慰めてくれる女性だということでしょう。

では、このように良くない名称が、なぜいまだに使われているのでしょうか。そろそろ、日本軍「慰安婦」被害者を指す名称の変遷について、話したいと思います。

「慰安婦」と慰安婦の違い

みなさんの中には「処女供出のせいで早くに嫁に行った」というハルモニの話を聞いたことのある人もいるかもしれませんね。「処女供出」は、未婚女性を動員する日本の政策を意味する言葉です。日本の植民地支配末期にたくさんの少女が「処女供出」から逃れるために、結婚を早めたと言います。日本の強制動員政策は、人々の間で様々な名称で存在しました。それを最もよく包括している名称が「挺身隊」です。前述したように、挺身隊という呼称は、その意味が明確ではないので、なるべく使わないようにした方がいいのです。

日本軍「慰安婦」問題が知られるようになって、日本の学者たちによって旧日本軍の文書が発見されてから、韓国挺身隊問題対策協議会（挺対協）等は「勤労挺身隊」と、女性を軍人の性的奴隷として使用した日本軍「慰安婦」制度は、明確に区別しなければならないという議論を始めました。その理由は前述したように、「挺身隊」という言葉は性的被害を受けたハルモニたちの実像を世の中に知らせるには限界があり、日本軍「慰安婦」問題を解決するための運動が始まってから、実際に勤労挺身隊として動員されて日本の工場で労働を強要された女性たちが「慰安婦」だったと誤解されるといったことが起きたためです。

ここで生まれる疑問。日本軍「慰安婦」問題が知られ始めた1980年代末から1990年代初めに日本政府や学者、メディアなどは日本軍「慰安婦」をどのように呼んでいたのでしょうか。当時、日本社会では「従軍慰安婦」という言葉を使っていました。「慰安婦」という言葉に「従軍」という言葉をつけて使っていたのです。「従軍」という言葉は「軍に従う」という意味です。強制的に動員されて残酷なことをされた被害者たちに痛みを与える言葉と言わざるをえません。この名称を通して、私たちは日本社会が「慰安婦」問題についてどのように理解していたのかを知ることができました。前に「慰安婦」という言葉も、被害者の立場からではなく、軍人の立場からつけられた名称だと言いましたね？　この「従軍」という言葉も、軍人の立場からつけられた言葉です。

もちろん、日本にも良心的な人たちがたくさんいます。そして、この問題について真摯に悩み考えている人も大勢います。しかし、日本政府と保守的なメディアは、忘れた頃には暴言を吐きます。これは明らかに事実を歪曲するものです。被害者たちは、「従軍慰安婦」という名にひどい屈辱感を感じました。自分たちは「従軍慰安婦」ではなく「強制従軍慰安婦」だったと主張したのです。

名称に関する議論が本格的におこなわれたのは、1992年８月に挺対協がアジアの被害国女性を招待してソウルで開催した「第１回挺身隊問題アジア連帯会議」からでした。各国の参加者たちは、被害者たちの意見を尊重して、当時日本で使用していた「従軍慰安婦」の前に「強制」という言葉を付けて「強制従軍慰安婦」と呼ぶことに決定しました。ところが、これにもおかしなところがあります。「強制」と「従軍」というあい反する単語が一つの名称となっているのもおかしいし、何よりも「従軍慰安婦」という名称自体が真実を歪めるものなので、使用すべきではない言葉です。

このような問題は、翌年、東京で開かれた「第２回アジア挺身隊問題連帯会議」で再び議論されました。「強制従軍慰安婦問題解決のためのアジア連帯会議」というタイトルで開催された会議で、すでに通用していた「慰安婦」という名称はそのまま残し、実際には女性たちは「慰安婦」だったわけではなく、日本軍によって、日本軍の文書の中で「慰安婦」と呼ばれていたので必ず「」をつけ、犯罪の主体である日本軍を前につけて日本軍「慰安婦」ということに決定したのです。日本軍という言葉をつけること自体が強制性と国家レベルの犯罪を表現すると判断されたからです。また、英語では「Military Sexual Slavery by Japan」すなわち「日本軍性奴隷」という名称を使うことに決議しました。

この時から日本軍「慰安婦」という名称で統一することになり、国連人権委員会など国際機関でも日本軍「慰安婦」に対して日本軍性奴隷、即ち「Military Sexual Slavery by Japan」と表記するようになりました。

しかし、名称に関する議論はこれでは終わらず、2004年５月、ソウルで朝鮮民主主義人民共和国（北朝鮮）、日本、フィリピン、インドネシア、中国、台湾、アメリカなどの関連市民団体と生存者が参加して開催された「日本の過去清算を要求する国際連帯協議会」で再び持ち出されました。

その理由は、日本のマスコミと政府が相変わらず「従軍慰安婦」という名称を使用し、韓国のメディアも様々な名称をそれぞれに使用していたからです。その会議では、「慰安婦」という用語はやめて、日本軍性奴隷で統一しようという提案もありました。しかし、この日の合意は日本軍「慰安婦」制度という言葉をそのまま使い、「日本軍性奴隷制度」という言葉も同時に使っていくということでした。また、被害者を指す時には「日本軍性奴隷制被害者」「日本軍『慰安婦』制度被害者」と呼ぶことにしました。

日本軍「慰安婦」という名称は、今も多くの論争を呼んでいます。生存者の中には、今でもこの名称を拒否している方もいらっしゃいます。

日本軍性奴隷という言葉も、日本軍「慰安婦」制度の被害者が強いられた苦痛を十分には表現していないという指摘も止むことがありません。にもかかわらず、日本軍「慰安婦」という名称は変えずに使っています。被害者を適切に表現する他の名称が見つからないだけでなく、突然呼び方を変えると多くの混乱が生じると思うからです。日本軍の蛮行をよく表しながら被害者の傷を癒すことのできる名称は、今後も考え続けなければならないと思います。もちろん、それは「挺身隊」や「慰安婦」という受け入れがたい名称の正体を知っている、今これを読んでいるみなさんの役割でもあります。まず私たちがすべきことは、多くの人々の努力によってつくられた名称を正確に理解し、正しく使うことです。その上で、みなさんが被害者たちのために新しい名称を考え出してください。被害者の人権と名誉回復のために、意味のある名前を見つけてほしいと思います。

戦場に追いやられた女性たち

みなさんは戦争映画が好きですか？　私は、戦争映画はあまり好きではありません。戦場で生き残るために相手を殺さなければならないという事実が恐ろしくて、戦争映画を見ていてもそのようなシーンではつい顔をそむけてしまいます。

私が見た戦争映画の中でとりわけ記憶に残っているのは、高校生の頃に団体で見に行った映画で、ベトナム戦争を描いた『プラトーン』という映画です。この映画の主人公が、ベトナムの少女を強かんしようとした米軍兵士を止めようとすると、その兵士がベトコンの女なのになぜ止めるのかとくってかかります。すると主人公が叫ぶのです。「この娘たちだって人間だ！」

私は、この映画を見た後、侵略者と被害者の両方に与える傷と戦争の多大な破壊力を思い、全身から力が抜けてしばらく席を立つことができませんでした。とりわけ「ベトコンなのになぜ…」「人間だ！」という二つの台詞は、今も耳元に響いています。

『プライベート・ライアン』や『パール・ハーバー』のような映画は、韓国でも興業に成功しました。イケメン俳優のチャン・ドンゴンとウォンビンが主演した『ブラザーフッド』もありましたね。あ、もちろん私も見ました。『プライベート・ライアン』の舞台となったノルマンジー上陸作戦は、戦争映画の傑作だそうです。

降り注ぐ銃弾を受けて軍人たちが血を流しながら死んでいくシーンが何度も描かれます。そんなシーンを見ながら涙を流す観客もいます。

ところが、実際に戦争が起きると、軍人よりも女性や子どもの方がたくさん負傷したり、死亡したりするそうです。信じられないかもしれませんが、これは厳然たる事実です。みなさんは、人類が犯した最大の罪は何だと思いますか？　戦争を起こして、銃を持たない罪のない人々、抵抗する力や手段を持たない人々を殺傷し、人間の尊厳を抹殺すること、そのようなことこそが最大の罪ではないでしょうか。みなさんがもしかしたら何気なく見ている戦争映画のほとんどが、実は戦争の残酷な実態を半分くらいしか描いていないかもしれません。

私たちは今、戦争の最も残酷な瞬間について考えています。特別な目的を持った戦争映画でない限り、戦争映画にはあまり登場しない別の半分の人々について考えてみたいのです。派手なアクションもなく、スリルもない、むしろあまりにも恐ろしい様相ではあるけれど、私たちが必ず知っておくべき事柄です。それは、みなさんも知ってのとおり、日本の戦争に巻き込まれた、朝鮮やアジア太平洋地域の女性たちに関する話です。一体どのような理由で、十代の少女たちが戦場に追いやられたのでしょうか？　まずは歴史的背景を簡単に見てみることから始めましょう。

日本の植民地支配末期に朝鮮の人々は、日本帝国主義の侵略戦争遂行のための道具として利用されました。日本は1931年９月に「満州事変」を起こし、1937年に中国を侵略して日中戦争を起こしました。そして、東南アジア一帯に戦争を拡大していきました。ヨーロッパが支配する東南アジアの植民地にまで侵攻していったのです。そして1941年にはアメリカの海軍基地である真珠湾を奇襲攻撃して、ついに太平洋地域に歩を進めることになったのです。『パール・ハーバー』を見た方はご存知でしょう。日本の特攻隊が真珠湾に停泊中のアメリカの艦船を攻撃する内容でしたね。この映画は、まさにその当時の状況を素材にして制作された映画です。

戦争が長引き、戦場が拡大するに伴い、当然ながらより多くの資源が必要とされました。そこで日本は、朝鮮を軍需物資調達のための補給庫に変えていきました。当時の日本にとって、可能な限りすべての物資と人力を動員しなければならない、文字通り「総力」を尽くさねばならない戦争だったからです。この時、徴用・徴兵といった形で朝鮮の青年たちが戦場にかり出され、ついには女性たちにまで動員政策が苛酷に適用され始めました。軍需品を生産する労働力として、男性だけでなく女性たちも重要な存在でした。このように、朝鮮の女性たちは戦争に巻き込まれていったのです。

女性たちが軍需物資をつくり、様々な労役に動員されるようになった頃、日本はもっと恐ろしいことを考えるようになりました。それが軍人のための「慰安所」の設置でした。そして本当に悲しいことに、植民地朝鮮から「慰安婦」女性を数多く調達していきました。しかもそれは、20歳にもならない少女たちでした。

慰安所はなぜつくられたのでしょうか。

日本が国家レベルで「慰安婦」女性を斡旋し軍に補給した具体的な理由は何でしょうか？　それを知るためには「慰安婦」がどのような理由でつくられたのか、まずは簡単に見ておかなければなりません。一般的に、慰安所設立の目的は３つくらいに整理することができます。結局はすべて、女性を戦争にかり出すための非常に勝手で野蛮な発想でした。

日本が慰安所を設立した目的の一つは、軍人の士気を高めることでした。砲火の中で受けるストレスはとても大きいと言われます。だからといって「慰安婦」制度がつくられたことは正当化できません。しかし、当時の日本軍はそのように判断しました。戦争が続く中、日本軍の士気は低下し、その精神的な影響は非常に深刻でした。そこで日本軍の指導部は、性的慰安施設の拡充が重要だと考えるようになりました。日本軍は、男性の性的欲求、とりわけ不安な状況における欲求は自然なもので、「買春」は必要なことだと考えたのでした。

「慰安婦」制度設立のもう一つの目的は、軍人の性病予防でした。実際に慰安所では定期的に性病検査がおこなわれました。性病検査は、慰安所運営において非常に重要な事柄でした。性病検査は、慰安所に収容された女性たちの安全のためというよりも、軍人が性病にかかることを予防するためという目的の方が強かったといえます。

「慰安婦」制度設立のもう一つの大きな目的は、占領地における強かん事件を防ぐためでした。日本軍は、占領地で略奪、強かん、放火、捕虜惨殺など様々な問題を起こしました。とりわけ強かんは、占領地住民の間に予想外の深刻な反日感情を呼び起こしました。そのせいで占領地の

日本軍が設置した最初の慰安所のひとつ「大一サロン」。現在は民間人の住宅として使用されているが、日本海軍の菊の文様もそのままで、当時使っていたタイルの床、畳部屋、狭い廊下まですべてそのまま残っている。

統治がうまくいかなくなった日本軍は、性的慰安施設を整備したのです。

当時、日本の占領地で起きた略奪、強かん行為に対して現地の人々は決起して死を覚悟で報復しました。古今東西の別なく、人々は兄弟や姉妹、そして同胞が収奪されるのを黙って見てはいません。今日、中東で起きているテロや拉致も、戦場で起きる強かんや略奪が大きな原因となって起きています。慰安所は、このような弊害をなくすために設置されたのです。

日本軍の慰安所は1932年の上海事変の時に始まり、1937年の日中戦争開始後に本格化しました。1932年の第１次上海事変の時、岡村寧《やす》次《じ》上海派遣軍参謀副長は上海地域で発生した強かん事件を契機に慰安所を設置し、「慰安婦」を送るよう要請しました。これが、恐ろしいことの始まりでした。

2008年10月に挺対協の調査チームが現地調査のため上海を訪れた時、慰安所に使われた建物がそのまま残っていました。もちろん、建物は他の人が使っていましたが、ホールはそのまま残っており、ホールを中心に小さな部屋がつながっていました。２階にも小さな部屋がいくつかありました。その小さな部屋で何が起きたのか、想像しただけでも恐ろしくなります。写真を見ると、門と日本庭園になっている庭など、慰安所の形が大枠でそのまま残っていることが分かります。

日本軍慰安所は誰が運営したのか

現在、日本政府は戦争中に国家が「慰安婦」制度を設立し運営したことを認めていません。では、一体誰が運営したというのでしょうか。

1990年代初めに始まった日本軍の公文書発掘と被害者および日本軍人の証言で、日本軍「慰安婦」制度の創設と運営主体が日本軍と国家であったことが明らかになってきました。ところが日本政府は依然としてそれを認めていないのです。

日本政府は1992年と1993年の２度にわたって軍の関与と強制性を認め、重大な人権侵害があったことを認めましたが、「曖昧な表現」を用いて最後まで日本政府の責任は認めませんでした。誰が強制し、誰が被害者の人権を侵害したのかについては、依然としてあいまいにされた状態です。つまり、国家が主導して「慰安婦」制度をつくり、「慰安婦」を募集し、慰安所を運営したことを認めていないのです。

1993年当時、日本の官房長官が発表した談話でも、主な責任は民間業者にあって、軍は若干関与しただけだという論調で、日本軍「慰安婦」制度の真実を隠しています。こうして日本政府の責任を回避しようとしているのです。

民間業者がおこなったことだとしても、そしていくら戦争中に起きたことだとしても、性奴隷行為は問題になります。日本は、国家の責任を免れるために、とんでもない言い訳をしているのです。

もちろん、慰安所設立に関連することはほとんど軍が決定しましたが、民間業者を利用したケースもありました。しかし、民間業者が運営した場合でも「慰安婦」募集の指示、慰安所規則や料金の決定、各部隊の利用日指定、経営および監督、性病検査などはすべて軍がおこないました。ましてこの時期は戦時体制です。このような歴史的な事実に基づいて国連人権委員会など国際社会でも、日本軍「慰安婦」を日本軍による「性奴隷制度」と規定しているのです。

その他にも、日本軍が直接慰安所を設置し運営したことを証明する事例は数多くあります。また、ハルモニたちの証言から、日本軍が直接、または民間業者たちを介して女性たちを強制的に連行した事実が分かります。

「村で放送があってね、大きな挽き臼小屋に集まれと。出て来いって言うから親の後について出たのよ。なんだろうと思って。そうして出て行ったら、村の女たちを並ばせて、米の重さを量る秤で体重を量るんだよ。それで体重がそれなりにある女たちをそのままトラックに乗せたんだ。今もそうだけど、当時から私は身体が大きかったの。それで私もトラッ

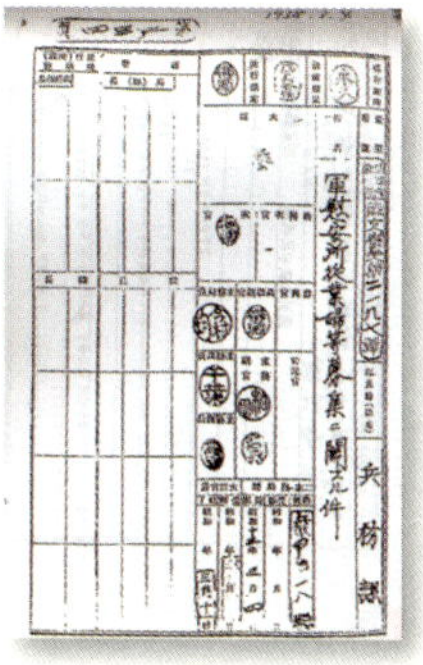

兵務課

軍慰安所従業婦等募集ニ関スル件

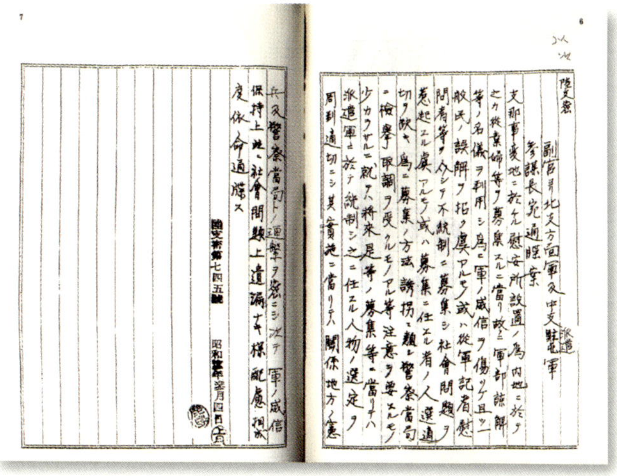

陸支密

副官ヨリ北支方面軍及中支派遣軍参謀長宛通牒案

支那事変地ニ於ケル慰安所設置ノ為内地ニ於テ之カ従業婦等ヲ募集スルニ当リ故ラニ軍部諒解等ノ名義ヲ利用シ為ニ軍ノ威信ヲ傷ツケ且ツ一般民ノ誤解ヲ招ク虞アルモノ或ハ従軍記者慰問者等ヲ介シテ不統制ニ募集シ社会問題ヲ惹起スル虞アルモノ或ハ募集ニ任スル者ノ人選適切ヲ欠キ為ニ募集ノ方法誘拐ニ類シ警察当局ニ検挙取調ヲ受クルモノアル等注意ヲ要スルモノ少カラサルニ就テハ将来是等ノ募集等ニ当リテハ派遣軍ニ於テ統制シ之ニ任スル人物ノ選定ヲ周到適切ニシ其実施ニ当リテハ関係地方ノ憲兵及警察当局トノ連繋ヲ密ニシ次テ軍ノ威信保持上並ニ社会問題上遺漏ナキ様配慮相成度依命通牒ス

陸支密第七四五号　昭和十三年参月四日

上の写真は1938年3月4日付け陸軍省兵務局兵務課が起案した「軍慰安所従業婦等募集に関する件」という文書。梅津美治郎陸軍次官が捺印して決裁しており、陸軍大臣の決裁欄には「委任」を意味する「委」という判が押されている。明らかに日本軍「慰安婦」は、日本軍の政策で実行されたことが分かる（防衛研究所図書館提供）。

クに乗せられたのよ」石《ソク》順《ス》姫《ニ》（仮名）

ハルモニは何らの説明も受けずに、荷物のようにトラックに乗せられて慰安所に運ばれました。日本が植民地の人々をどのように見なしていたのかがよく分かります。このような証言の他にも、当時のたくさんの文書が、日本の強制連行を証明しています。

このような記録と証言は、韓国だけでなくオランダ政府の記録物保存所でも発見されています。日本が中国を拠点としてヨーロッパ諸国が支配していた東南アジアにまで侵犯したことは、よく知られた事実です。その過程で現地にいるオランダ人まで拉致して性暴行をはたらいたことが記された文書が見つかっているのです。

文書には1942年３月、インドネシアのジャワ島に侵攻した日本軍の部隊がブローラ（Blora）で20人の欧州人女性を捕まえて２棟の家に監禁し、そのうち少なくとも14人を３週間にわたって軍人たちが強かんしたと記録されています。1944年１月にはムンティラン（Muntilan）強制収容所で日本軍と警察が女性たちを選別してマゲランに連行し「慰安婦」にしたという内容も含まれていました。

にもかかわらず、現在まで日本の保守政治家や一部の学者は、「慰安婦」について「強制」ではなかったという暴言を吐き、日本政府の責任を認めていません。とりわけ2007年は日本の首相をはじめ政界、マスコミなどあらゆる分野で日本軍「慰安婦」に対する暴言が吐き出された年でした。当時の安倍首相は「当初定義されていた強制性を裏付ける証拠がなかったのは事実」だと言いました。

そして数日後には国会で「官憲が家に押し入って人さらいのごとく連れて行くという強制性はなかった」とし、国家の介入を繰り返し否定したのです。さらに、このような安倍首相の発言に基づく政府答弁書を閣議決定までしたそうです。

安倍元首相が言う「強制性」とは、軍または官憲による暴力的な連行を指すのですが、これまでに発掘された文書や被害者の証言がこれに反論しています。しかし、日本政府は被害者の証言を認めず無視しながら日本軍「慰安婦」制度に責任がないという主張を繰り返しているのです。

[1] **沈清**：盲目の父のために海に身を投げ、ついには父親の目を治す孝行娘を描いた古典『沈清伝』の主人公の名前。
[2] **プロフさん**：エレン・コリー・ヴァン・デル・プロフ。原文は「エレン・ハルモニ」。「ハルモニ」は「おばあさん」の意で、日本軍「慰安婦」被害者を呼ぶ時、韓国では敬意と親しみを込めて「ハルモニ」と呼ぶが、本書では朝鮮半島出身者被害者のみ「ハルモニ」で統一し、その他の国の被害者には「さん」を敬称としてつけた。
[3] **丁卯胡乱**：1627年、朝鮮王朝と後金（後の清国）との間に起きた戦争。
[4] **丙子胡乱**：1636年、清国の侵略により起きた戦争。

13歳の夢多き少女に何が起きたのか

遠い他国に連行された朝鮮の少女たち

少女はどのように拉致されたのか

日本軍「慰安婦」制度に関わる歴史的な写真の中には、トラックに乗せられて荷物のように運ばれていく女性たちの写真があります。その写真を見たことのある人はいるでしょうか。その写真を見たことがあるとしたら、どんな感じを受けましたか？

これから、日本軍「慰安婦」制度の犠牲になった被害者たちの生を辿《たど》ってみたいと思います。幼い頃に戦場に連れて行かれ、心と身体に大きな傷を負って戻って来た女性たちの生を辿ることは、本当に辛いことです。でも、私たちはこの女性たちの過去を、まっすぐで温かい視線で見つめる準備ができています。前章で、慰安所設立の目的や当時の時代状況を簡単に振り返っておきましたし、呼称についても考察したからです。

少女たちが「慰安婦」として選ばれるに至った過程から、話を始めようと思います。日本の保守政治家の中には、朝鮮の女性たちがお金を稼ぐために自発的に「慰安婦」になったと言う人たちがいます。また、将校よりも多額の給料を受け取り、楽に暮らしていたと主張したりもします。自分の家族や親しい友人が同じような目にあったとしても、このようなことを言うのでしょうか。何も知らない幼い少女を道ばたで拉致し、または仕事がある、勉強ができるといった甘言で誘って「慰安婦」にしておいて、こんなことが言えるのでしょうか。

石《ソク》順《ス》姫《ニ》ハルモニの証言からも明らかなように、幼い少女を秤《はかり》で量ってトラックに乗せるようなことさえあったのです。時には抵抗し拒否することもありましたが、ほとんどの場合、力もなく貧しい植民地の民は、何も言えずに幼い娘を異国に送り出すことになりました。ところが、このようなことは、恐ろしい悲劇の始まりにすぎませんでした。

「一人は日本人、あとの二人は朝鮮人だった。その人たちが家に入って

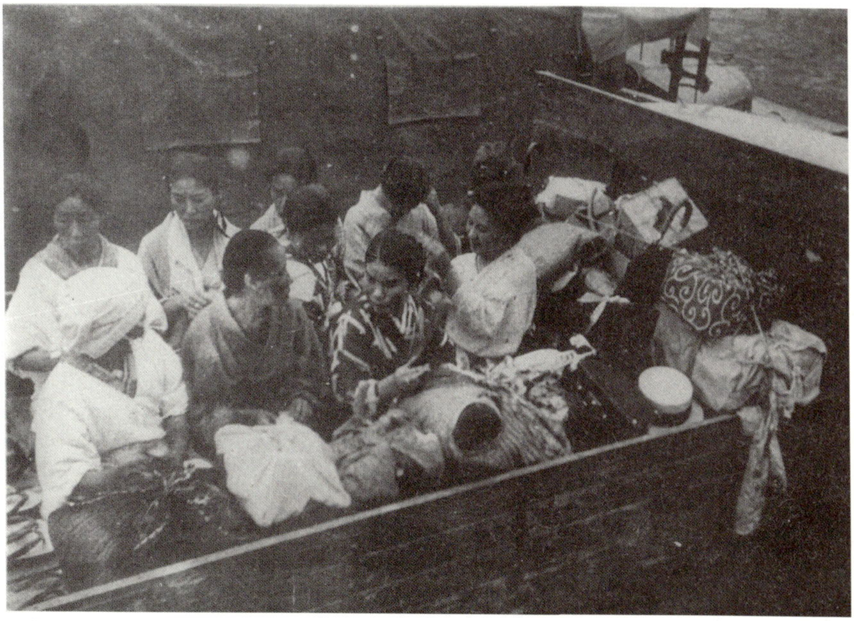

軍用トラックに乗せられて前線の日本軍慰安所に連れて行かれる日本軍「慰安婦」（日本機関紙出版センター提供）。

きて、日本の絹を織る工場に行って絹を織ればお金も稼げるし、見物もできるし、お金もたくさん稼いで家に、両親に送れば、親が田んぼを買ったり畑を買ったりできるって……。あの時、私は16歳だった。ところが日本に行くと言っていたのに、着いたところは満州だった」文《ムン》必《ピル》琪《ギ》

文必琪ハルモニは、絹紡績工場に就職するのだとばかり思ってついて行った結果、日本軍「慰安婦」にされたと証言しています。これと似たケースは多々あります。

「キャラメルと、あれ何だっけ、ミルク、何か食べるものをくれて、お金もたくさんくれるって言うし、だから行ったんだ。土地も全部取られて何がある？　日本人に全部供出したんだよ。あの頃は食べるものがないんだよ。私らの時代は食べるものがなかった」金華善《キムファソン》

金華善ハルモニは、このように食べ物をくれるという言葉にだまされてついて行ったそうです。その姿を映画のワンシーンだと思って想像してみてください。何という人生でしょう。キャラメル欲しさについて行って「慰安婦」にされ、その後の70年の歳月を失い、今は85歳の孤独なおばあさんになってしまったのです。日本政府は、このような女性たちの

人生を、「慰安婦」だった数年ではなく、一生を奪ったのです。

植民地の土地と生産施設を掌握した日本は、ついに力のない幼い女性や子どもまで戦争にかり出しました。幼い少女を強制的に拉致したり、留学などをえさに「慰安婦」を募集したりもしましたが、日本軍は徴集という形で女性を動員することもありました。台湾の日本軍「慰安婦」被害者の鄭高宝珠さんは、管轄の区役所から中国広東地域で「慰安婦」として働くようにという内容の徴兵文書を受け取ったと証言しています。鄭高宝珠さんは当時、「慰安婦」になるという事実は知っていたが、自分には選択権がなかったと言っています。金福童ハルモニは、ある日本軍人と里長（村長）が母親を訪ねて来て、家に息子がいないという理由で、福童ハルモニを挺身隊員として軍服工場に連れていく契約書に署名するよう強要したと証言しています。キム・ボンイハルモニも同じような証言をしています。

「私に令状が出たの。日本に行けという令状通知書。通知書が出たというから、逃げて隠れて歩いていたところを捕まったの。赤いのだったか、黄色いのだったか、とにかく出たの」キム・ボンイ

遠い異国へ

少女たちの戦場への移動も、日本軍の管理下でおこなわれたことはいうまでもありません。日本軍は、少女たちを性奴隷にする過程で、最初と最後をすべて管理していたわけです。人身売買・誘拐・拉致された少女たちの一部は近隣地域で性奴隷とされることもありましたが、ほとんどは遠く日本軍の戦場に移送されました。「慰安所」は、軍に属していたので少女たちは日本軍の侵略経路に沿って中国や東南アジア一帯に連れていかれ苦難を強いられたのです。

軍人の移動経路に従っていろいろな国を転々とした朴永心《パクヨンシム》ハルモニは、朝鮮から中国の南京に連れて行かれ南京の慰安所で性奴隷とされた後、ビルマのラシオ、中国の雲南省に連れていかれました。金福童ハルモニも、朝鮮から中国の広東に連れていかれた後、香港、シンガポール、ジャワ島、スマトラ島へと連れ回され、苦難の末、シンガポールで解放を迎えたそうです。

故郷から近いところに連れて行かれたからといって少しはましだったとは言えません。しかし、幼い少女がいろいろな国を転々としながら孤独と風土病に苦しめられることも、やはり大変な苦痛であることに間違いありません。

少女たちを戦場に移送する時に使われた主な手段は、軍用トラック、船舶、列車などでした。一般人が軍の許可を受けずに軍用トラックを使用することなど絶対にできないことは、誰にでも分かることでしょう。中国に連れていかれたホン・エジンハルモニは、上海行きの軍用船舶で移送され、その船の中で将校に最初の性暴行を受けたそうです。チョン・ハクスハルモニも釜山駅で軍用列車に乗せられて満州のハルピンまで連れていかれたといいます。このように、幼い少女たちは故郷を離れて日本軍が駐屯している地域に散らばっていきました。移動過程で性暴行を含む暴力は日常的なことでした。

日本の絹紡績工場でお金を稼いで両親に送るという幼い少女の気持ちは、日本軍によって徹底的に裏切られました。彼女たちは当時、地球上で最も熾烈な戦場に、それこそ地獄のような場所に連れていかれました。その後の彼女たちの生活は、口にすることもできないくらい凄惨《せいさん》なものでした。

獣《けもの》にも劣る扱い

慰安所に連れて行かれた少女たちは、人間以下の待遇だったと証言します。日本軍は、幼い少女たちをモノのように扱いました。故障したら取り替える「部品」のような扱いだったといいます。夢多き少女の姿は、そこにはありませんでした。今やおばあさんになってしまった少女たちの証言は、じっと聞いていることができないほど凄《すさ》まじいものです。

「兵士たちは土曜日には午後２時か３時頃にやって来ました。日曜日は午前９時から午後７時まで、特にたくさんの兵士たちが訪ねて来ました。一人で来るようなことはほとんどなくて、将校の引率のもと、トラックに乗って来ました。兵士たちは、事務室を通過して部屋の前に列をなし、順番を待っていました。玄関は100人以上の兵士で溢れかえっていました。私は、歩くこともできず、生理の時にも休むこともできませんでした。多いときは１日に40人も相手にしなければならず、身体を洗うこともできないため、苦痛が増していきました。私は、自分がどこにいるかも分からなかったし、言葉も通じませんでした。お金もないし、汽車に乗る方法も分かりません。周辺は兵士たちが囲んでいて、逃げることは不可能でした。兵士たちが部屋に入って来ると、私は恐怖にかられ声を上げ逃げようとしました。すると、慰安所の管理人から鼻血が出るほど殴られ、食べ物ももらえずに狭い部屋に監禁されました」金君子《キムグンジャ》ハルモニ

今の私たちには想像すらできない状況です。日常的な殴打と性暴力を受けて、少女たちの精神と肉体は日を追うごとに疲弊《ひへい》していきました。

それは朝鮮の少女たちだけに起きたことではありません。日本軍はアジア、太平洋地域の幼い少女と女性たちを慰安所に強制的に監禁し、性暴力を加えました。

「私たちはみな、結婚前の娘でした。……私は修道女になりたかった。……私たちは日本の名前を使わなければなりませんでした。その日本名は全部、花の名前でした。……彼らは私をテーブルの下から上に引き上げました。私は足をバタバタさせて抵抗しましたが、その男の力には勝てませんでした。男は、私を寝室に連れて行き、ベッドで私は再び抵抗しました。……私はベッドに押し倒され、服を全部はぎ取られました。男は刀で私の身体をなで下ろしました。首から足まで、まるで猫がネズミをもてあそぶように、そして残酷にレイプしたのです」ジャン・ラフ・オハーン

修道女になりたかったオランダの少女の夢が、あっという間に消えてなくなってしまいました。

「全部で14人いたよ。そのうち二人は殴り殺された。犬でも死ねば埋めるだろ？　でも奴らは私らを犬以下に扱ったんだよ。……朝９時から夜の９時まで兵士たちが来る。そうして９時、10時になると将校たちが来

る。将校たちが人間を犬扱いするんだ。酒を飲んで来て、あの長い刀を振り回すんだよ、言うことを聞かないと」鄭書云《チョンソウン》

インドネシアのスマランに連れて行かれた鄭書云ハルモニは、慰安所で受けた待遇について「犬以下の扱いだった」と言います。もっと非人間的なこともありました。

文必琪《ムンピルギ》ハルモニは、日本軍は慰安所に、どの女性がどのくらい軍人の相手をしたのかを赤色で示す棒グラフを貼りだしていたと証言しています。一番少なかった女性は、裸で立たされたり鞭《むち》で打たれたりしたというのです。他の女性たちよりも身体の小さかった文必琪ハルモニはいつもビリで、他の女性たち以上の苦痛に耐えなければならなかったといいます。

このような人格への冒瀆《ぼうとく》は、少女たちの心に傷を残しました。そして、少女たちの命を脅かす行為もまた、数多くおこなわれていました。

「一日に30人もの軍人の相手をしろと言われても、どうやって相手をするの。ご飯もろくに食べられないし。軍人たちに引きずって行かれても、下が小さくて……。思い通りにいかないと、成熟していないと言って女性の下の部分を刀で切り裂くんだよ。嫌だと言ったら、何様のつもりだって。私たちのことを付属品だって言ったかな？　付属品として来たくせ

に何だって日本語で言いながら殴るんだよ」キム・ボンイ

北朝鮮の金英淑《キムヨンスク》ハルモニは、12歳の時に日本人の警官から、自分について来れば金を稼げると言われて、「慰安所」を兼ねているという病院に連れて行かれました。そこでもやはり性暴力を含む深刻な暴力が待っていました。

「私はその時まだ12歳でした。何が何だか全然分かりませんでした。私はすごく恐かったんですが、その男は私を床に押し倒して刀で私の身体を切りつけました。私の身体からは血が流れていましたが、彼はズボンを脱ぎ、私を強かんしました。血を流しながら泣いているのに、その男は私を強かんしたのです。次にカネムラという軍人が入って来ましたが、カネムラは私に朝鮮の女と罵声を浴びせました。服を脱がせて裸にしてから、この男も私の身体、特に胸のまわりに傷をつけました。私の身体は全身傷だらけです」金英淑

中国の瀋陽と上海に収容されて解放された後、故郷に帰って来ることもできずに中国で亡くなったホン・ガンリムハルモニも、同じような証言をしています。

「逃げるなんて考えることもできませんでした。慰安所の外に出ることもできないし、出たとしても、どこがどこだか分からないのに、出ることなんてできません。そうこうしているうちに、定期検査があって、下が小さいと軍医が私の膣のあたりをナイフで切ったんです。麻酔もしないで切られた、あの痛みは言葉で表現できません」ホン・ガンリムハルモニ

ハルモニたちの証言から、当時、慰安所では性暴力だけでなく、深刻な暴力がふるわれていたことが分かります。ここで一つ、疑問が生じます。常習的な性暴行によって妊娠した少女たちはどうなったのか、ということです。

「工場じゃなくて、大きな倉庫に間仕切りしてボロボロの筵《むしろ》を敷いて、扉もない、毛布を２、３枚くれるだけ。200坪の倉庫に、女が60人くらいいたよ。行ったその日から軍人に襲われたんだよ。そこには身ごもった女が２人いてね。ところが６カ月、８カ月くらいしたら、２人とも連れて行かれた。トラックに乗って行くのを見たけど、後から聞いたところでは妊娠した女はみんなそうやって連れて行かれるんだって。妊娠した女、臨月の女を選んで、ひとつのトラックに乗せて行って殺してるって話を聞いたよ……」石福順《ソクポクスン》

妊娠して利用価値がなくなったと判断された女性たちはどこかに連れて行かれ殺されたという噂まであったというのです。殺されなかった場合でも、堕胎させて慰安所に送り返しました。慰安所でふるわれた暴力と人権に対する蹂躙は、性暴行という重大な犯罪行為の副産物にすぎませんでした。本質的に最大の問題は、毎日続く強かんでした。

慰安所で女性たちは、どのような日常を送っていたのでしょうか。金福童ハルモニは、広東で毎日15人の軍人の相手をさせられ、週末にはその数が50人近くにまで増えたと証言しています。夜には将校たちが訪ねて来て、その多くが泊まって行ったそうです。他の被害者の場合も、相手にしなければならない軍人が１日に少ない時で５人ほど、多いときには60人ほどだったといいます。

吉元玉ハルモニは、慰安所で生理が始まりましたが、その時にも日本軍は休ませてくれなかったと証言しています。「１回軍人が来ると、布団が血だらけになるから、血がついてない方を折って血を覆い、また軍人が来て帰ったらもう片方を覆い、そんなふうに恐ろしい日々を送ったんだよ」というのです。

軍人たちが列をなして待っているため、身体を洗うことも、食事をする時間もほとんどありませんでした。

「下を洗う暇もないのに、身体を洗う時間なんてあるわけないだろ。水もない砂漠みたいなところに閉じこめられて、時々水を持ってくるから、それで洗うんだよ。そんなんで病気にならないわけがない。性病にかかるんだよ。アイゴー、思い出しただけでもぞっとする」石順姫

このように劣悪な環境の中、少女たちはマラリアや結核、性病に冒されました。生理の時にも、妊娠していても、また病気であっても、休ませてはもらえませんでした。このような苛酷《かこく》な生活は、少女たちの魂と肉体を疲弊させていきました。少女たちは「慰安所」から勝手に出て行くこともできませんでした。最も基本的な自由すら奪われていたのです。

中国上海の駐屯地で軍医官をしていた麻生徹男氏は自身の日誌に、朝鮮から連行されてきた女性たちは日本の兵士たちの排泄のための「衛生的なる共同便所」だったと記録しています。「皇軍将兵への贈り物」という言及もあります。この短い記述を見ただけでも、10代の少女たちがどれほどひどい目にあっていたのか想像できます。日本軍にとって少女たちは単なる軍需物資で、彼らの性欲処理のための「共同便所」のような道具にすぎなかったのです。

上の写真は中国湖北省にあった慰安所の様子。壁面には日の丸と共に「皇軍萬歳」というスローガンと「第六慰安所櫻樓」という文字が書かれている。文字の下には「慰安婦」の名札が。左下には兵站司令官の注意事項が張り出されている（日本機関紙出版センター提供）。

二度と戻れない
故郷

解放、そして捨てられた人々の傷

解放、そして捨てられた少女たち

ある日、少女たちに夢のようなことが起きました。ついに、苦痛に満ちた生活から抜け出し、故郷に帰れる日がきたのです。1945年８月15日、故国では「大韓独立万歳」が鳴り響いていました。ところが、あまりにも突然のことだったからでしょうか？　ほとんどの少女たちが、この事実を知りませんでした。ただ、ある日突然、日本軍人がいなくなってしまっただけでした。

「解放されても、解放されたんだか何だか、そんなことどうやって分かるの。あの谷間でそんなことも知らないで、野っぱらみたいなところで死にそうになったんだよ。韓国人だって誰かが通訳してくれて、中国人から叩き殺されそうになるのをやっと逃れたんだよ。どこででも寝て、昼も、夜も歩き続けて、食堂を見つけたら入って物乞いして食べたり……」石順姫

解放後、中国の武漢に置き去りにされ、故郷に帰ることができず、中国で亡くなったホン・ガンリムハルモニも、同じようなことを言っています。解放後、無責任に置き去りにされた女性たちにとって、外の世界はまた別の慰安所だったのです。中国に取り残された女性たちは、日本軍の蛮行に怒る中国人から「日本軍の女」と指さされ、持ち物を奪われ、暴力をふるわれました。

「日本が戦争に負けた後、主人は荷物をまとめて逃げてしまった。日本人もみんな荷物をまとめて車に乗って行ってしまった。みんな戦争に負けたって、大騒ぎだった。そんな時に中国人は私たちを日本人だと思ってたから、服も全部とられて、ひどく殴られたんだよ。私も、殴られたよ。中国人が襲って来るから、女たちは震え上がって、車があれば車に乗っ

て、バラバラになってしまった」ホン・ガンリム

このように、女性たちは戦争が終わった時、日本軍「慰安婦」だったという理由で中国人に殺される危険にまで遭いました。必死に生き残った女性たちを、新たな試練が待ち受けていたのです。本当に、苦しい道のりは果てしなく続いていっこうに終わりそうにありませんでした。日本は、彼女たちが故郷に帰れるよう支援する制度を一切持ち合わせていませんでした。それどころか、罪を隠蔽《いんぺい》するために女性たちを殺害したケースまであったのです。

日本軍が撤収した慰安所には、何も残っていませんでした。女性たちは食べるものも、着るものもない慰安所から、着の身着のまま抜け出したのです。故郷から数千キロも離れた異国で、彼女たちは長く苦しい旅程を辿らねばなりませんでした。

河床淑《ハサンスク》ハルモニ、イム・グマハルモニのように、中国に連れて行かれた女性の中には、戦争が終わった後も故郷に帰る方法がなく、彼の地で無国籍者として生きざるをえなかった人々もいます。その後、南北が分断され、韓国と中国の国交も断絶しました。彼女たちは1992年に韓国と中国の国交が樹立するまでの半世紀を超える歳月、故郷に連絡もできない状態で生きてきました。しかも、慰安所のすぐそばで、または慰安所

の建物の中で、過去の記憶を抱えたまま暮らさなければなりませんでした。日本軍の亡霊が生涯ついてまわっていたようなものです。

日本の右翼メディアや政治家たちは、「慰安婦」女性が金をもらっていたとか、将校たちよりも待遇がよかったといった、とんでもない主張をしています。本当に彼女たちがほんの少しのお金でも持っていたなら、故郷に帰る道はもう少し楽だったのではないでしょうか。被害者の中には「軍票」について証言している方もいらっしゃいます。軍が発行する貨幣のことです。しかし、軍票はほとんど慰安所が管理していたといいます。戦争が終わった時、軍票を自分で持っている女性はほとんどいませんでしたが、何枚か持っていたとしても、日本の敗戦後には紙くず同然になってしまいました。

故郷に帰ろうとした女性たちは、少なくとも数カ月間、長い場合には数年間、苦しい道のりを乗り越えなければなりませんでした。崔甲順《チェガプスン》ハルモニは、満州から故郷まで４年もかけて歩いて行ったそうです。家に帰る途中で、避難民の韓国人男性から性暴行を受けたり、その妻から殴られたりすることもあったと言います。慰安所にいた時と大差ない、厳しい４年間でした。

それでも、なんとか故国に戻れた女性たちは、まだましだったと言えるでしょう。多くの女性たちが終戦直後に日本軍によって殺害されたり故郷に帰る途中で命を落としたりしたからです。

「日本が負けたことも知らなかったよ。何だか軍人が来ないんだよ。……13人行って、あそこで３人死んだ。残りの10人が全員防空壕には入れない。だから何人かだけ連れて防空壕に入ったんだよ。後で分かったんだけど、そこに私たちを埋める魂胆だったんだ。私たちを生かしておいたら後で問題が起きると思って殺そうとしたんだよ。日本人が。悪い奴らだよ。その中で私だけ生き残ったんだ」鄭書云

女性たちの中には、日本の敗戦後、強制労働に動員された人もいました。金福童ハルモニは、300人の女性たちと共に第10陸軍病院に連れて行かれ、看護師として、また清掃員として強制労働させられました。石順姫ハルモニは、慰安所でたった一人生き残りました。また、乗っていた船が爆撃されて沈没し、他の人はみな死んだという証言もあります。このようなことは、韓国の被害者だけの話ではありません。ビルマ、中国、シンガポール、そして台湾に連行された女性たちがみな、戦場に置き去りにされたと証言しています。

国では解放されたと大騒ぎをしている時に、異国に連れて行かれ苦難を強いられた女性たちの苦痛は続いていました。女性たちはまだ解放さ

れていなかったのです。しかし、たくさんの女性たちが希望を捨てずに故国をめざしました。何度も死ぬ思いをしながら、彼女たちはその苦痛に耐え抜きました。

では、故郷に戻った女性たちは、親の胸に抱かれて幸せな日々を送ることができたでしょうか？ 日本の統治下から解放された大韓民国で結婚もし、家庭を築き、子どもを産んで幸せに暮らすことができたのでしょうか？

二度と戻れない故郷

「何があっても生きて故郷に帰るんだと、あの遠い道を何カ月もかけて帰って来たのに、家に帰ることができませんでした。他の人は解放だって、抱き合って万歳を叫んで喜んでいたけど、私は一緒になって喜ぶことができませんでした。その時から私は、私の身体を隠せるところはないかと、日陰ばかり、日陰ばかり探して歩きました。汚れて、何もかも失った身体で、どうして親の顔が見られますか。それで、お金でも稼がないとと思って、その日からあらゆる仕事をしました。道ばたでポンデギ（サナギの煮物）を売ったり、野菜を売ったり、飲み屋でお酌をしたり、そんなことをしているうちに故郷に帰る道が閉ざされてしまったんです」吉元玉

平壌が故郷の吉元玉ハルモニは、13歳の時以来、家族に会うこともできず独りで生きてきました。故国の土を踏むことはできても、故郷には帰れなかった女性がたくさんいます。故郷に行けば誰かが自分の過去に気づくのではないかという不安から、帰るのがためらわれたのです。

ある調査によると、被害者の６人中４人は故国に戻った後、故郷には帰らなかったといいます。ほとんどの女性が、恐れと羞恥心から故郷に戻れなかったのです。みなさんもご存知のように、解放後の韓国は伝統的な農耕社会でした。一つの村の住民ほとんどが親族で、互いの家の事情が全部分かってしまうような社会でした。当時は、若い女性が故郷を離れて独りで暮らすということは想像もできないことでした。にもかかわらず、多くの被害者が故郷には戻らなかったのです。

意を決してやっと故郷に行ったのに、追い出された女性もいます。故郷に戻った女性のほとんどが、「慰安婦」だったために自ら抱え込んだ負い目や被害意識、「慰安婦」生活で得た病気、周囲の偏見などのせいで日常生活に適応することができませんでした。日本軍「慰安婦」だったということを両親にすら言うことができず、悩みながら暮らしているのに、まわりが結婚するように勧めるので結局、故郷を去ったという被害者もいます。また、近所の人たちが「慰安婦」であったことを知って後ろ指をさされていると思い、故郷を後にしたという女性もいます。

「男と聞いただけで身の毛がよだつ。とにかく嫌でたまらなかった。結婚とか、男とか、そういうのは考えたくもなかった。ただでさえ罪深くて、こんなふうに生きているのに、これ以上、罪作りなことをする必要ないじゃない。それでも、他の人が結婚して暮らしているのを見るとうらやましい。私はこんな身になって、青春がすっかり台なしになって……」石順姫

石順姫ハルモニは、故郷のソウルに戻ってきましたが、隣近所から結婚を勧められ、またその視線が気になって、結局は家族の元を離れて江《カン》原道《ウォンド》や大邱《テグ》を転々としたそうです。一方、日本軍の過酷な行為による後遺症ゆえに、故郷を追われた女性もいます。

「14歳の時から８年いたよ。解放されたといって家に帰った時には、私はかなりひどい麻薬中毒だった。私は幼すぎて、軍人の相手をするたびに気絶してしまったんだよ。すると、軍人たちが麻薬を注射するんだ。この腕の両側のこれが全部注射の跡だよ。土曜日、日曜日、週末には朝から軍人が来るから、最初から注射を４、５本打つんだよ。だから戦争が終わった時にはすっかり麻薬中毒になっていた。……家に帰ってみた

けど、親はもう死んでいなかったし、私の故郷は田舎でね、女性の貞操をすごく重視するところだったから、私は『慰安婦』にされたことを誰にも言えなかった。それでも故郷の人たちは、私が麻薬中毒にかかっているのを見て、みんな私が『慰安婦』だったことに気が付いてしまった。結局、私は故郷を出てくるしかなかったんだよ」鄭書云

まだ女性として成長していない幼い少女に性暴力をくわえるために麻薬を注射したとは、本当に信じがたいことです。鄭書云ハルモニは、故郷から見捨てられ、麻薬とも闘わなければならない身の上になったのです。このような例から、日本軍が与えた傷が、被害者たちに生涯つきまとい、苦痛を与えたことがよく分かります。

紆《う》余《よ》曲《きょく》折《せつ》の末、故郷に定着し、または結婚した被害者たちの人生も、決して平坦なものではありませんでした。金福童ハルモニは、子どもができなかったために夫が浮気をしたと証言しています。インドネシアの被害者スハナさんも、「私は子宮を摘出されたため妊娠できず、結婚することもできませんでした」と証言しています。

「私の身体はあそこで台なしになってしまったのに、結婚なんてできますか？　できないでしょ。良心があればできないでしょう。全身が台な

しなんだもの。どうして人をだまして結婚できますか。だから結婚はできませんでした。それが悔やまれます」林貞子《イムジョンジャ》

林貞子ハルモニは、自ら汚れた女、純潔を失った女だから結婚できないと考え、解放後、好きな男性がいたけれども結婚はしませんでした。男性の家で日本軍「慰安婦」にされたことを理由に結婚に反対したからでした。

日本軍「慰安婦」問題を世に知らせるうえで最大の貢献をした金学順《キムハクスン》ハルモニも例外ではありません。金学順ハルモニも「慰安婦」経験ゆえに夫から責められたといいます。

「夫とは名ばかりで、苦しめられたことの方がずっと多かったです。私が『慰安婦』だったことを知っていたので、お酒を飲んで機嫌が悪いと、胸に突き刺さるようなことを言いました。息子の目の前で汚い女とか、軍人の売女《ばいた》だったとか、そんなことを言われる時には、汚らわしい身の上を呪いました」金学順

このように当時の韓国社会は、日本軍に蹂躙された被害者たちを温かく包み込む準備ができていませんでした。そのために、彼女たちは再び

傷つくことになったのです。韓国社会は伝統的に女性の貞操を非常に重要視してきました。女性は貞節を守らなければならないし、それができなかった時には死をもって守り通さなければならないと考えられていました。貞節を守ることは、自分のためではなく、家門のために強要されたのです。

このような考え方は、解放後、被害者たちにもそのまま当てはめられました。日本軍「慰安婦」被害者たちが経験した監禁と性暴力、拷問などの被害は、慰めるべき対象ではなく、非難し、指弾すべきことと考えられたのです。そのため被害者たちは沈黙するしかありませんでした。傷は、身体の中で膿となって沈殿していきました。

「慰安婦」の傷

この文を読んでいらっしゃるみなさんも、日本軍「慰安婦」被害者の際限のない苦痛と不幸に心を痛めていらっしゃると思います。「もう終わりだろう。そろそろ幸せな結末になっても良さそうなものだが……」と思っているのではないでしょうか。しかし、彼女たちに加えられた想像を絶する過酷な行為と、それに伴う後遺症が治癒されるまでには、本当に多くの時間が必要なのです。彼女たちの痛みは、今この瞬間にも続いています。

慰安所で殴打と拷問、性病の感染、人工流産、不妊手術、子宮摘出などたくさんの暴力がふるわれたことについては、みなさんはもうよくご存知ですね。戦後も多くの生存者たちが慰安所で受けた暴力と拷問などにより、身体的、精神的苦痛に苦しめられてきました。今や80歳を越えた高齢の被害者たちの証言には、今も生々しい痛みがにじみます。

吉元玉《キルウォノク》ハルモニは、EU（欧州連合）議会で証言した時、髪の毛をかきわけて傷跡を公聴会参加者たちに見せました。すると、場内がざわめきました。戦争が終わって64年が経ってもなおハルモニの頭部に残る傷跡は、ハルモニの長年にわたる苦痛を如実に表していました。

「将校が酒を飲んで来て、自分の要求をきかないと言って、銃の先についている刀で私の頭を刺したんです。すごくたくさんの血が出ました。……服が真っ赤になって、血でベトベトになって脱ぐこともできないのに、その軍人は自分のしたいことだけして行ってしまいました。……薬を塗ってくれる人も誰もいないんです。あの頃を思い出しただけで……」吉元玉

吉元玉ハルモニは、20代で子宮を摘出し、大手術を３回も経験してい

ます。姜順愛《カンスネ》ハルモニは、全身に銃弾の破片が埋まっていました。お尻にも破片の跡が残っていましたし、頭の中まで破片が埋まっていてその痛みに苦しめられていました。河順女《ハスンニョ》ハルモニには、慰安所の管理人が棍棒で頭を殴ったためにできた15センチもの傷跡があります。

「お金を稼いでもしょうがないよ。全部治療費で消えてしまうんだから。幼い頃にあんまりひどいことをされて、一生懸命に働いても稼いだお金は全部病院代で消えて。だからいまだにお金もなくて、こうやって暮らしてるんだよ」姜徳景《カンドッキョン》

姜徳景ハルモニは、若い頃の「慰安婦」生活による後遺症で、腎臓の機能が弱まり、そのため多額の治療費を使いながら暮らさなければなりませんでした。苦しい生活を忘れさせてくれる唯一の慰めが「タバコ」だったというハルモニは、結局、肺ガンで亡くなりました。

「アソコが痛くてちゃんと相手ができないと、動物を殴るみたいに殴るのよ。頭を殴られすぎたから、今でも頭が痛いんだと思う」金殷禮《キムウンレ》

金殷禮ハルモニは、若い頃から耳がよく聞こえませんでした。それは、

慰安所で頭をしょっちゅう殴られたためだと思う、と証言しています。

何よりも、日本軍「慰安婦」被害者に最も深刻な後遺症を残したものは性病でした。被害者たちは10代の若さで、数年間にわたって、数え切れないほどの軍人を相手にしなければならなかったので、梅毒などの性病にかかることが多々ありました。慰安所では、手っ取り早く治療するために「606号」と呼ばれる注射を打たれました。この注射は、深刻な副作用をもたらしました。606号を打たれた女性は、その直後に急性の嘔吐、腹痛、血液まじりの下痢、筋肉の痙攣《けいれん》といった症状を示したといいます。金卿順《キムギョンスン》ハルモニは、その注射を1回打たれると胸がドキドキして、口や鼻に匂いが上がってきて気持ちが悪かったと言っています。幼い少女たちにとって適切な注射ではなかったことが分かります。

「白内障の手術をするために病院に行ったんだけど、手術をするために血液検査をしろと言うからしたの。梅毒菌が出てきたって言われた。それで、二度とその病院には行かなかったよ。その病院で私が「慰安婦」だったことが知られるんじゃないかと思って」張点乭《チャンジョムドル》

病院で自身が梅毒菌保菌者であることを知った張点乭ハルモニは、日本軍人に強かんされた記憶がよみがえり苦しんでいました。ハルモニは、

二度とその病院には行きませんでした。

肉体的な苦痛だけでなく、精神的な障害もたいへん深刻でした。性暴力を受けた女性は、夢で事件を再体験し、それによって眠れなくなることがあるといいます。また、事件を連想させるほんの小さな刺激にも驚く神経過敏のような症状を示すとされます。それが原因で自殺をはかることもあり、他者に対する敵対心を示すこともあります。

文《ムン》必《ピル》琪《ギ》ハルモニは、夜も電気をつけたまま寝床に入りました。夢遊病患者のようにムクっと起き上がってブツブツつぶやいたり、助けてくれと拝んだり、突然外に飛び出したりもしました。ハルモニ自身は、そんなことをしていることに全く気づいていませんでした。

ほとんどの被害者は、日本軍「慰安婦」だった時代と関係のある辛い夢をよく見ていました。また、「慰安婦」に関連するものを見たり経験したりすると、深刻な心理的苦痛を受けました。愛の感情を感じることができず、人に会うことを恐れるケースもありました。日本軍「慰安婦」時代に経験した暴力、拷問、死の恐怖ゆえに解放後も男性、とりわけ軍人を見ると恐怖がよみがえり、当時のことを忘れようとタバコやお酒を求める被害者がたくさんいました。このような症状は数十年間繰り返し続いたのです。

このように日本軍「慰安婦」被害者たちは解放後も深刻な後遺症に苦

しめられてきました。「慰安婦」に関する真実を明かすことができないため、その傷は被害者たちの身体の中で膿《うみ》となって沈殿するしかなかったのです。

若い頃にすべてを奪われて帰って来た女性たちを、私たちはどうして温かく迎えることができなかったのでしょうか。1990年代になるまで、被害者たちは政府や社会から何らの支援も受けられず、闇の中で生きてこなければなりませんでした。もどかしい思いを抱えて、藪《やぶ》の中に駆け込み「王様の耳はロバの耳」と叫ぶほかなかったのです。でも、誰一人その叫びに耳を傾ける人はいませんでした。聞こうともしなかったのです。いいえ、聞いたとしても沈黙し、死ぬまで誰にも言えないようにしたに違いありません。

これらすべての事実が歴史の彼方に消えてしまうところでした。しかし、勇気ある一人の声が世界を変えたのです。

チャックン日誌

チャックン[1]は、そばでハルモニを見守り話し相手になるボランティアのことです。定期的にハルモニを訪問して日誌を書きます。以下のチャックン日誌は、韓玉善《ハンオクソン》ハルモニのチャックンである金景玉《キムキョンオク》さんが書いたものです。

金景玉（ボランティア）

| 訪問日誌 | 2008年10月4日(土)・13:50〜15:00 |

先月（9月）6日、秋夕《チュソク》（韓国のお盆）を迎えて集まりがあると聞き、ハルモニの病室を訪ねた。ハルモニがのど自慢にでも出るなら、応援をしてあげたかったからだ。ところがハルモニは、数日間あまりよく眠れなかったのか、40分ほど待っていても目をつぶったまま起きなかった。その前の訪問の時にも、体調が思わしくなく、このまま記憶を失ってしまうのではないかと心配になった。

毎月、訪問するたびに病室が変わるため、ナースセンターで病室を確認しようとしたところ、今日はちょうどロビーでテレビを見ているハルモニを発見した。そばに行って話しかけると、最近では珍しくハルモニが喜んでくれた。

「私が誰だか分かりますか？」と尋ねると、「キム・オクキョン」とはっきり発音する。「キョンオク」を「オクキョン」と間違えはしたが、忘れてはいないことが分かって嬉しかった。気晴らしに６階の屋上庭園と１階の玄関を行ったり来たりすると、花を見て喜ぶ。季節の変化は分かるのか、今は秋だと言ったりもする。

１時間ほどハルモニとあれこれ話してみて、１、２カ月前に心配になった時よりもずっと元気になっているのが分かり、少し安心した。付き添いの方にハルモニの最近の様子を聞くと、最近はよく眠り食事もよくとっているとのこと。そのせいか、ハルモニはとても元気そうに見える。

しばらく座っていて疲れたのか、ベッドに横になるとすぐに寝入ってしまった。せめてこれくらいの状態が続いてくれればいいと心から願う。

｜訪問日誌｜2008年11月13日(木)・17:20～18:30｜

ハルモニに会いに行こうとエレベーターから降りると、ちょうど看護チーム長に会った。最近のハルモニの様子を聞くと、よく眠れないようだがそれ以外は良好だと言う。悪化していたらどうしようかと心配していたが、少しほっとした。

ハルモニの病室に入ると、ハルモニは車いすに座ってウトウトしていた。そっとそばに行って手を握ると、見覚えのある顔だと言って喜んでくれた。付き添いの方が誰だか分かるかと尋ねると、「キョンスク？」と言う。訪ねるたびに名前を一字ずつ間違えるが、それでも顔は覚えていてくれるのが嬉しい。

前回訪問した時に花札を並べているのを見たので、簡単な動物パズルを持って行ったのだが、見た途端に興味を示す。食事の時間までずっとパズル合わせをしていたが、7、8ピースのパズルを合わせるのにすごく時間がかかる。ハルモニの状態が徐々に悪くなっているのが分かる。それでも、ハルモニ以外の患者さんたちがみな、付き添いに手伝ってもらって食事をしているのに、ハルモニは自分で食べるのを見て少し安心した。

次回の訪問の時には新しいパズルを買ってくると約束して病室を出た。ハルモニは、バイバイと手を振る。以前ならもう少しいろと駄々をこねたのに……。

政府からの健康補助費でハルモニの漢方薬を申し込んだ。病院に入院して何度も厳しい状況を迎えながら、それでも、まるでダルマのように再び起き上がるハルモニの姿を見ながら、生きることに対する意思がとても強い方だと感じてきた。ハルモニが今くらいの状態でも、長く維持してくれたらと、祈るばかりだ。

[1] **チャックン**：教室で隣に座る子、仲のよいペアなどを意味する言葉。挺対協では、ハルモニとボランティアを1対1のペアにして縁を結び、「チャックン」と称する活動をおこなっている。

韓玉善ハルモニの若い頃の写真。ハルモニは、
2009年1月20日、永眠した。

ハルモニと私 2

ハルモニ、そこでは楽になりましたか？

故金相喜ハルモニを悼んで

曺禎焄《チョジョンフン》（在宅ボランティア）

　金相喜《キムサンヒ》ハルモニ。2000年にハルモニとチャックンとして出会いました。初めは他の方とチャックンになったのですが、それがハルモニに代わったのは、もしかしたら運命だったのかもしれません。ハルモニについては、漠然と恐い人という話を聞いたことがあるだけでした。緊張している僕の様子がどんなふうに見えたかは分かりません。実際に初めてお会いした時、小さな身体でにっこりと笑うハルモニが、本当に恐かったです。教会にお連れするため日曜日は朝早く家を出ましたが、幾度となくハルモニと僕の時間は合いませんでした。何度も追い出され、怒られました。この世で一番楽な交通手段であるはずのタクシーにハルモニと一緒に乗るのは、最大の試練でした。タクシーの運転手に文句を言わずにはいられないハルモニと、間に挟まってどうすればいいのか分からずじっと身を縮めている僕……。

一日でも薬を飲まないと苦痛に耐えられず、家よりも病院にいる時間の方が長かったハルモニを置いて、僕は２年４カ月の間、軍隊に行くことになりました。軍隊からハルモニに手紙を何通か出しました。そして初めての休暇の日に訪ねたのは、ハルモニの家でした。軍服に軍靴を履いた凛々《りり》しい姿を見たハルモニは、チャジャンミョン（ジャージャー麺）とタンスユク（酢豚）を食べさせなきゃと言って中華料理屋に電話をかけたかと思うと、立て続けにトンダク（鶏１羽分を揚げて味付けしたもの）も２羽注文しました。ハルモニと一緒に食べ始めましたが、結局全部僕が食べる羽目になりました。

除隊後、復学してまたハルモニに会い始めました。今度は僕一人ではなく、僕の家族が一緒に会うようになりました。僕のお母さんとハルモニは２人きりでドライブに行くこともよくありましたね。デパートに行ったり、レストランに行ったり……。ある日、昼寝をしていると玄関のベルが鳴って、ドアを開けるとハルモニとお母さんが一緒に入ってきました。散らかった僕の部屋をしばらく見回してから、ハルモニはおっしゃいました。

「チョンフン！　あんたはきれいな顔してこんなに汚い暮らしをしてるのかい⁉　片づけなさい！」

ハルモニが歯科治療のために僕のお父さんの医院にいらっしゃった

時、治療費はいらないという父に、ケーキを買っていらっしゃったことも思い出されます。前歯を差し歯にしたハルモニは気分が良かったのか、ますます大きな口を開けて笑っていました。

ところがある日を境に、ハルモニと僕の間が疎遠になりました。顔が真っ赤になるくらい怒鳴られて、家に行くこともできず、電話もできませんでした。そんなふうに１年ほどが経った頃、ハルモニの危篤の報が舞い込みました。慌ててかけつけ、ハルモニに会いました。

「ハルモニ、ハルモニ、チョンフンが来ました」

ハルモニは、うつろな目を大きく見開いたけど、話すことも、食べることもできない状態でした。僕を見たハルモニは、涙を流してはいませんでしたが、表情は泣いていました。「会いたかった？」という僕の言葉に、ハルモニは何度も頷きました。

１月２日の日曜日でした。早朝、電話がかかってきました。

「ハルモニがお亡くなりになりました」

驚いて挺対協事務所に電話して、すぐにかけつけました。ハルモニは、もう冷たい霊安室に横たえられていて、教会の方たちが来ていました。挺対協事務所からスタッフたちがかけつけ、実行委員の方たちも来ていました。遺影のハルモニは、もの言いたげに微笑んでいました。ハルモニとの思い出を語る弔問客たちの話に耳を傾けるかのように、ハルモニは無言で微笑むだけでした。

告別式の日、花で囲まれたハルモニの顔はきれいでした。冷たいハルモニの額に手を当てた瞬間、脚の力が抜けました。声を出すまいとしたけれど、声を出して泣かずにはいられませんでした。冷たい風の吹く日、ハルモニはもっと冷たい石のお墓の下に埋葬されました。寒いと文句を言い、天に向かって怒り、怒鳴り散らしていたハルモニが、遺影ではただ微笑んでいるだけでした。怒鳴る声が聞きたいのに、もう聞くことができません。一緒に歩く時には、ふだん使っていたつえもつかずに僕の手をぎゅっと握って歩いたハルモニ、もうあの温かいぬくもりを感じることもできません。

会いたくても、ハルモニはもうこの世にはいらっしゃいません。でも、今はもう悲しくもないし、悔しくもありません。ハルモニが勇気を持って敷いてくださった道で、いつの日かたくさんの人々が手をとり合って、ハルモニが切実に願っていた希望を忘れずに、歌を歌うだろうと思うからです。その希望の中でハルモニと長い間、一緒にいられると思うからです。

生前の金相喜ハルモニ

連合軍の攻撃に日本軍が敗退した後、連合軍の捕虜収容所に収容され米軍の尋問を受ける日本軍「慰安婦」たち。多くの日本軍「慰安婦」被害者が戦場で砲撃を受け死亡し、負傷した（アメリカ国立公文書館蔵）。

日本軍によって勤労挺身隊に動員された人々。彼女たちは、日本軍の軍需工場で正当な対価もなく労働を強要された。

戦争が終わり捨てられた後、米軍の捕虜収容所に収容された日本軍「慰安婦」。戦後、たくさんの日本軍「慰安婦」が故郷に帰れなかった。

軍隊について移動している日本軍「慰安婦」。慰安所は、軍に属していたため、少女たちは日本軍の侵略経路に沿って中国や東南アジア一帯へと連れ歩かれ苦難を強いられた。

慰安所に列をなして順番を待つ日本の軍人たち
（日本機関紙出版センター提供）。

軍隊についてまた別の前線部隊に移動する日本軍「慰安婦」。横にいる兵士が軍用回線で電話をかけている。

戦後、捨てられた「慰安婦」たち。写真の妊娠した女性は、2007年まで北朝鮮で生存していた朴永心ハルモニだ（アメリカ国立公文書館蔵）。

2000年に東京で開催された女性国際戦犯法廷に証人として参加した朴永心ハルモニは、写真の妊娠した女性が自分であると証言した。お腹の子は捕虜収容所に収監された時に流産したという（西野瑠美子さん提供）。

希望の灯をともした人々

真実を明らかにする動きが始まった

みんなのための一人の選択

日本軍「慰安婦」被害者たちは、解放後も故郷に帰ることができませんでした。社会は、貞操を失ったという理由で、彼女たちを受け付けなかったのです。彼女たちは眠ることも、怒りをおさめることもできませんでした。そして彼女たちの話に耳を傾ける準備ができている人もいませんでした。ほとんどの被害者が、再び闇の中に潜り込んでしまいました。

でも、彼女たちにも小さな希望の火だねが残っていました。被害者全員が失意のどん底で世の中に背を向けて生きていたわけではありませんでした。世の中から捨てられ自分の殻の中に閉じこもっていた女性たちが、社会にその姿を現し始めました。その代表的な人が、金学順ハルモニです。日本軍「慰安婦」制度の被害者の中で最初に公開証言をおこなった方です。ハルモニの勇気ある選択で、日本軍「慰安婦」問題は人々の大きな関心の的になりました。ハルモニの証言で小学生まで日本軍「慰安婦」問題を知ることになったのです。金学順ハルモニの公開証言の後、多くの被害者が世に出るようになりました。

金学順ハルモニをはじめとする被害者たちが、あれほど長い歳月にわたる沈黙を破って、苦痛に満ちた真実を抱えて、私たちの前に現れたのはなぜなのでしょうか。逆説的ですが、彼女たちは自らを捨てた社会のために勇気を振り絞ったのです。自身のような目に遭う人が二度と出てはならないという、そんな使命感からでした。彼女たちは被害者として世に出て、後に、誰にも引けを取らない情熱的な人権運動家になっていきます。

彼女たちの公開証言は、日本軍「慰安婦」問題に関心を持ち続けてきた数人の研究者と市民運動団体の努力によって実現しました。恥ずかしい歴史を隠すのではなく世に知らせようと考えた人々の努力により、50年もの歳月、隠されてきた真実が明らかになったのです。

とりわけ韓国挺身隊問題対策協議会の初代代表となった尹《ユン》貞《ジョン》玉《オク》先生と社会学者の李《イ》効《ヒョ》再《ジェ》先生は、日本軍「慰安婦」被害者たちと同じ年代で、若い頃から粘り強くこの問題に取り組んできました。

真実を明らかにする動き

もしも、みなさんの友だちがある日突然消えたとしたら？　同じ歌が好きで、食べ物の好みも似ていて、趣味も同じ、そんな本当に親しい友だちが突然消えてしまったらどうしますか？　電話を掛けても出ない、ご両親もその子がどこに行ったのか分からない、そんなことになったら、また別の友だちをつくればいいですか？　そんなふうに思う人はいないでしょう。一生かけてでも、その友だちを捜し出そうとする人もいるかもしれません。時には親以上に話がよく通じ、時には兄弟よりも親しく感じられた友だちの行方を探すために、いろいろなことをするはずです。

尹貞玉先生は、いなくなった友だちを捜そうとしたのです。日本軍に連れて行かれた友人たちが、戦争が終わっても帰って来なかった時、何かあったに違いないと思ったのです。尹貞玉先生が友人たちに降りかかった理不尽な出来事を知らせるため、あちらこちらに足を運び一生懸命に研究したおかげで、日本軍「慰安婦」問題は歴史の裏側に消えることなく、私たちの前に立ち現れたのです。尹先生はその時、大学生でした。

「1943年、私の記憶ではたぶん11月だったと思うの。大学１年生、17歳だったと思う。高校生の頃から先生に看護師になれって盛んに言われたの。挺身隊に行けってことよ。大学に通っていた頃はもっとすごかった。男性は強制徴用で手当たり次第に捕まっていた頃よ。学徒兵になれ、女子には挺身隊に出ろと。……夏休みが終わって２学期になるともっとひどくなった。ある日、私たち１年生を本館の１階地下室に全部押し込めたの。その時から変な感じがしたわ。軍服を着た人と誰かが来て、四角い紙を配ったの。文字がびっしりと印刷されていたけど、読む時間も与えずに朱肉を回して拇印を押せと言うの。内容も読ませずに、拇印だけ押させてすぐに集めて行ったのよ。何が書かれていたのかも分からない。その後、私は学校を辞めたのよ」尹貞玉

尹貞玉先生は、「挺身隊」に連れて行かれるかもしれないという恐れから学校を辞めたといいます。そして解放後は「挺身隊」に連れて行かれた友人たちの消息が入るのを待っていました。ところが、友人たちに関する知らせは何もありませんでした。

「解放後にソウルにまた来たの。来て見ると、学徒兵に行った人、強制徴用された人、報国隊に行った人、みんな帰って来るのに女性たちが帰っ

て来たという話だけは聞かなかった。それで変だと思ったの。ちょうど20歳の時だった。そこで、学徒兵に行った人に聞いてみたの。そうしたらびっくりする話をしてくれた。その女の子たちは食べる時間も与えられずに夜通しそういうことをさせられていたって」尹貞玉

その後、尹先生は日本軍「慰安婦」問題に関する調査と研究を開始しました。先生は、友人たちが「慰安婦」にされたかもしれない時に、自分はそこから逃げることができたことに、責任を感じてきたと言います。他の友人たちと違って、尹先生は当時から日本軍の強制徴集の状況についてよく知っていたのです。尹先生自身は被害に遭いませんでしたが、当時の状況にとうてい納得することはできなかったそうです。同時代を生きる人間としての責任意識が、尹貞玉先生を「慰安婦」女性に対する関心と追跡へと向かわせました。先生は、世の中はみんなで共につくり、共に責任を負うべきものだと考えていました。

ところが、真実は徹底的に隠されていました。被害者がいることは間違いないと分かっていましたが、確かな証拠を見つけることができなかったのです。日本軍の蛮行がどのようなもので、どれくらいの人数の女性たちが連行されたのかについても分かりませんでした。尹貞玉先生が日本軍「慰安婦」について本格的に調査できたのは、日本人が書いた

「慰安婦」関連の論文を読んだ後からでした。論文には「慰安婦」に関するたくさんの資料が挙げられていました。これを読んだ時、尹先生は歴史の真実に近づくことができるという希望を持ったそうです。

尹先生の研究に、最も重要な転機をもたらしたのは、沖縄に生存しておられた裵奉奇《ペポンギ》ハルモニでした。日本軍「慰安婦」として苦難を舐《な》めてきた裵奉奇ハルモニが1978年当時、沖縄のある村で在日同胞の助けを受けながら暮らしているという情報を、ひょんなことから知ったのでした。尹先生はすぐに裵奉奇ハルモニに会いに行こうと考えました。しかし、まわりの人々がこれに反対しました。裵奉奇ハルモニをサポートしている在日同胞が在日本朝鮮人総連合会（朝鮮総連）系の人だったからです。

総連は、日本に暮らす同胞の中で朝鮮民主主義人民共和国を支持する団体です。当時、韓国人が北朝鮮に関連する人々と交流することはできませんでした。もちろん、今も自由ではありません。日本にいる総連系の人に会うためには統一部（統一省）に申告しなければなりません。それが、当時は今よりもはるかに厳しかったのです。にもかかわらず、先生は危険を覚悟で裵奉奇ハルモニに会いに行きました。長い間隠されていた真実を明らかにできる重要な契機になると判断したためでした。その後、先生は日本各地をまわりながら「慰安婦」に関する資料を集め、証人を探しました。

1980年に先生は一人で研究してきた内容をまとめて、韓国の新聞に発表しました。しかし、反響はあまりありませんでした。韓国社会は、まだ真実を受け入れるだけの準備ができていなかったのです。尹先生の研究は、韓国女性運動に多大な貢献をしてきた社会学者である李効再先生に出会ってはじめて光を放ち始めました。

「私は社会活動を全然やっていなかったから。それで、李効再先生に、なぜ歴史学者や社会学者がこういうこと（日本軍「慰安婦」問題）を研究して発表しないのかと言ったのよ。そうしたら、ある団体から連絡があって、『キーセン観光』に関するセミナーを開くが、そこで日本軍『慰安婦』問題について発表できるかって言うの。李効再先生が私をそのセミナーに紹介したわけ」

セミナーは大成功をおさめました。このセミナーで日本軍「慰安婦」問題は多くの人々の共感を得ました。セミナーに参加した人々は、黙ってはいませんでした。人々は、これまで日本軍「慰安婦」問題について漠然とした知識しか持っていなかったことに気づきました。挺身隊や処女供出で女性たちが被害を受けたことについては聞いていましたが、幼い少女たちが恐ろしい性奴隷として酷使されたことについてきちんとは認識していなかったのです。

尹貞玉先生は1990年１月、ある日刊紙に４回にわたって「挺身隊、魂の足跡」という文を発表しました。この文は、大きな反響を呼びました。

様々なメディアが日本軍「慰安婦」問題を取り上げ始めたのです。そしてたくさんの女性運動家と女性団体が、この問題を共同の課題としてとらえ協力するようになりました。尹貞玉先生の研究がなかったとしたら、日本軍「慰安婦」問題はただの噂話として扱われていたかもしれません。おそらくみなさんの教科書に、「慰安婦」に関する話は一行も記述されなかったでしょう。どんなに残酷な事件だとしても、具体的な証拠や研究成果がなければ、学校で教えることはできないからです。

結局、一人の情熱的な実践と、同時代人としての責任意識が歴史を動かし、真実を明らかにしたのです。みなさんは、こういう話を聞くとワクワクしませんか？　一人の努力が世界を変えるという驚くべき事実！　私は心が躍ります。

こういう話を聞くたびに、いつも思います。天才でなくても、誠実な心と真心さえあれば、そして一生懸命に努力するならば、世界を動かすことができるのだと。

共に努力した人々

尹貞玉先生の地道な研究と真実に対する熱望が、日本軍「慰安婦」問題を世に知らしめたとは言っても、たった一人の努力だけでは不可能なことだったと思います。多くの女性団体と活動家たちの活躍も忘れることができません。韓国教会女性連合会（韓教女連）をはじめ、たくさんの女性団体、そして彼女たちの意を結集して結成された韓国挺身隊問題対策協議会のような団体がなかったとしたら、日本軍「慰安婦」問題は世に知らされなかったと思います。ここで、これらの団体の活躍を振り返ってみることにします。

まず、韓教女連です。1960年代に結成された同団体は、第２次世界大戦中に日本で原爆の被害に遭って帰還した原爆被害者の問題を人々に知らせるうえで大きな貢献をした団体です。そして何よりも「買春観光」に反対する国際運動をリードしました。前段の尹貞玉先生のお話の中に「キーセン観光」という言葉が出ていましたね。キーセン観光に反対するセミナーで日本軍「慰安婦」問題に関する発表をし、その後、多くの人々が関心を持つようになったと。そのセミナーを主催したのが韓教女連でした。当時、韓国では日本の観光客を呼びこむために「買春観光」が盛んにおこなわれていました。これを「キーセン観光」と呼んでいたのです。

韓国の経済事情が悪かったため、外貨を稼ぐ手段としてそのようなことをしたと言いますが、なかなか納得できることではありません。まして相手は日本です。それほど韓国社会は、過去について多くのことを忘れて暮らしていたと言えます。決して長い歳月が経っていたわけでもありません。朝鮮の少女たちが日本軍の犠牲にされてから、たった20年しか経っていない時に起きたことなのです。

どうして過去をそんなに簡単に忘れることができたのでしょうか。当時、日本軍「慰安婦」問題が少しでも知られていたら、こんなことが起きたでしょうか。私たちが60年前に起きたことを学ぶ理由は何なのでしょうか。同じようなことが繰り返されないよう願うからに他なりません。当時、日本軍「慰安婦」問題について少しでも関心を持っている人がいたらと思うと、残念でなりません。日本軍「慰安婦」問題がまだ知られていない時だったとは言え、日本を相手に「買春観光」をすることは許されることではありませんでした。

1970年代初めから1980年代に至るまで「買春観光」は続き、再び韓国の若い女性たちが辛い経験をすることになりました。

当時、韓国の観光協会が日本の観光客に対しておこなったアンケート調査があります。「韓国旅行で最も記憶に残ったことは何ですか」という設問があり、その回答は、「キーセンパーティー」でした。1973年のことです。植民地から脱してわずか20年ほどしか経っていない時のことです。大部分の観光客がこのような回答を寄せました。もちろん当時の「買春観光」は日本人だけを相手にしていたわけではありません。多くの外国人を対象に、性売買を斡旋していました。

韓教女連は、果てしなく繰り返される「買春行為」とたたかっていました。そのような中、1988年にソウル・オリンピックを控えて済州島《チェジュド》で「女性と観光文化」というセミナーが開かれたのです。前述した、あのセミナーです。韓国の「買春観光」の実態と共に、尹貞玉先生の日本軍「慰安婦」に関する発表が、人々に大きな衝撃を与えました。オリンピックを控えて夢を膨らませていた人々は、韓国の辛い歴史を知ることになりました。そして、その歴史が同じような形で繰り返されていることにも気づいたのです。その後、多くの女性団体、市民団体が日本軍「慰安婦」問題と女性に対する性暴力問題に関心を持つようになりました。

それから２年経った1990年５月、盧泰愚《ノテウ》大統領が日本を訪問するというニュースが流れました。韓教女連は、韓国女性団体連合などと共に、日本軍「慰安婦」問題を解決するため政府が積極的な役割を果たすべきだとする内容の記者会見を開きました。この記者会見によって、建国後初めて、日本軍「慰安婦」問題が政府の公式的な立場で議論されることになったのです。大統領は、日本を訪問して日本軍「慰安婦」と強制徴用者の名簿を要求しました。このような成果は直ちに、日本軍「慰安婦」問題を解決するための団体の結成を後押ししました。

水曜デモ、その第一歩を踏み出す

1990年5月、盧泰愚《ノテウ》大統領が日本を訪問し、公式に過去の問題について取り上げましたが、満足できる成果を得ることはできませんでした。

日本政府の態度がおかしかったからです。歴史教科書問題をはじめ、独島《トクト》の領有権問題など、日本は今でも様々な問題に対して発展的でない態度を示しています。当時も同じでした。大統領が公式に要請した日本軍「慰安婦」被害者の名簿がないというのです。さらに、日本政府は同年6月6日、国会で「慰安婦」は民間業者が連れ歩いたものだという立場を明らかにしました。

日本政府のこのような態度に対し、韓国政府の反応は非常に消極的なものでした。そこでこの問題は政府の手を離れ、女性団体のもとに戻ってきました。女性団体側は、日本政府に抗議する公開書簡を送りました。女性団体は、書簡の中で日本政府が歴史的事実を歪曲しており、戦争を起こした国家として無責任であることを指摘しました。また、犠牲者のための慰霊碑建設、生存者と遺族に対する賠償、歴史教育の中でこの事実を教えることなどを要求しました。

しかし回答はありませんでした。その後、3回にわたって回答を催促しましたが、これに対する日本政府の回答はついに出されることはありませんでした。20年経った今も、この書簡に対するきちんとした回答は出ていません。

その後も、多くの人々と団体が日本政府に対して要求を続けてきました。当時、公開書簡の発表に参加した韓教女連をはじめ37の女性団体が集まって1990年11月16日、日本軍「慰安婦」問題を解決するための運動団体が結成されることになりました。その団体が、韓国挺身隊問題対策協議会、すなわち挺対協です。

挺対協は、被害者たちにとってなくてはならない団体となりました。挺対協は、日本政府に謝罪と賠償を要求する活動の他にも、被害者をサポートするためにあらゆる支援をおこなってきました。被害者たちを支援するための募金活動や人権キャンプをおこなって、「慰安婦」として受けた傷を治癒するための活動を粘り強く展開してきました。「慰安婦」ハルモニたちの安らぎの場としての役割を果たすシムト（憩いの場所＝シェルター）「ウリチプ」（わが家）も運営しています。1991年には「挺身隊申告電話」（ホットライン）を開設して被害者たちの公開証言を引き出し、国会議員と連帯して「日本軍『慰安婦』被害者生活支援法」の制定も要求しました。このような努力の末、1993年に支援法が制定され、以来、被害者たちは政府の支援を受けることができるようになりました。

そして、1992年１月８日水曜日、宮澤喜一首相（当時）が韓国を訪問した際、日本軍「慰安婦」問題の解決を求める最初の水曜デモが開かれました。驚くべきことに、そのデモは今も続いているのです。毎週水曜日、挺対協は日本大使館前で水曜デモをおこない、日本政府に日本軍「慰安婦」問題の解決を要求しています。水曜デモは、現在のべ人数５万人が参加する規模となり、世界最長記録デモとして登録されています。このように書くと、すごい記録でもありますが、一方では哀しい記録でもあります。でも、解放後も無念の記憶を誰にも言えずに胸を痛めてばかりいた被害者たちのことを思えば、本当に大きな前進だとも言えます。今や、大勢の人々が日本軍の犯罪を知り、再び同じようなことが起きないようにと祈るようになったのですから。このような前進を遂げるまでには、この問題に関心を持ち続け研究してきたたくさんの人々と、問題解決のために活動した大勢の人々の努力がありました。

次の章では、この方たち以上に大きな役割を果たした、一人の女性について見てみたいと思います。この方が、日本軍「慰安婦」問題を世に知らしめるうえで、最も決定的な役割をした方かもしれません。勘のいい方はもうお気づきかもしれませんね。そうです。金学順ハルモニです。これまでにも少しお話しましたが、金学順ハルモニも、一人の人間の決断と勇気がどれほど多くの人々を動かすことができるか、そしてそれがどのような奇跡を生み出すのかを示してくださった方です。

写真上　1992年1月8日水曜日に開かれた最初の水曜デモ。
写真下　初期の水曜デモの様子。

金学順、世界で最も美しい告白

日本軍「慰安婦」ハルモニが叫ぶゆるぎない希望

世界に向けた愛の告白

　今、好きな人がいますか？　「好きだ」と言いたいのに、ためらってはいませんか？　その一言が言えなくて、辛い別れを経験したことはありませんか？　おそらく、そんな経験をした方、たくさんいらっしゃるのではないでしょうか。告白は、誰にとってもためらいやときめきをもたらすものです。私も、よく知っています。

　告白をする時に最も必要なことは何でしょうか。そうです。勇気です。恥をかくのではないか、笑われるのではないかと、なかなか勇気を奮い起こせないものです。恋を成就させるためには、他人の目など気にせずに勇気を出さなければなりません。でもそれは、口で言うほど簡単なことではありませんね。好きな人に告白するのもこんなに大変なのに、辛い記憶を打ち明けるのは、どれほど大変なことでしょうか。どれほどの勇気が要ることでしょうか。

みなさんよくご存知のように、金学順ハルモニは、そんな勇気を奮った方です。1991年８月14日、金学順ハルモニは日本軍「慰安婦」被害者の中で最初に公開証言をされました。ハルモニの辛い過去は、テレビの電波に乗って茶の間に伝わりました。ハルモニは、自らの過去を包み隠さず打ち明けました。

「本当に腹立たしくて、悔しくて、言葉では言い表すことができません。その時も、どれほどびっくりして、辛かったか、言葉では表現ができないんです。あの頃のことを思い出さないようにしようと思っても、どうすればいいのか分かりません」

ハルモニはそう言って慟哭《どうこく》しました。しばらくして、証言が続きました。

「私が今、洞会（町役場）がくれる米10キロと３万ウォンのお金にすがって１カ月を暮らす哀れな年寄りになってしまったのは、私が挺身隊だったからです。テレビや新聞で、日本が挺身隊に連れて行った事実はないと言っている話を聞くたびに、胸が張り裂けそうです。日本を相手に裁判でもしたい気持ちです」

ハルモニは、日の丸を見ると動悸がして、挺身隊の話が出ただけで持病の喘息の発作が起きるといいます。ハルモニは、ぜいぜいと息をしながら、具体的な事実に言及しました。17歳の時、北京で拉致され、日本軍300人の小部隊に連れて行かれた話から始まり、そこでの生活についても詳細に証言しました。

「当時、最前線だったそこには、韓国人女性が５人いましたが、私が一番若くて、一番年上の人が22歳でした。私たちは皆、日本式の名前で呼ばれていました。私は『アイコ』でした。300人ほどの軍人が順番に３日に１回ずつ休暇をとって来るので、女性一人が１日に３～４人の軍

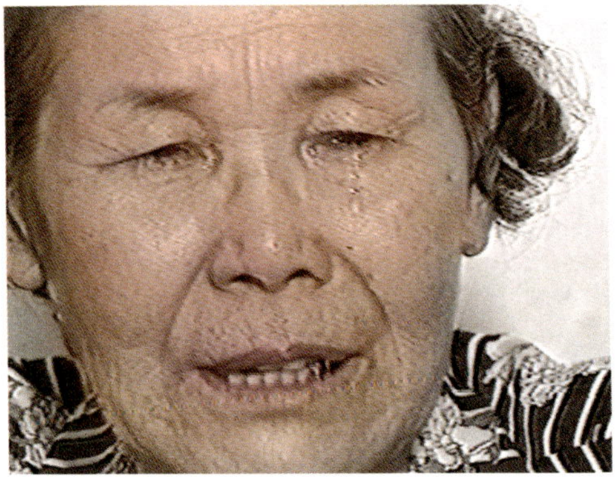

辛い過去を証言する金学順
ハルモニ

人の相手をしなければなりませんでしたし、戦闘があった日は７～８人の相手をしなければなりませんでした。生理の時にも休ませてはもらえませんでした。それで仕方なく、血が出ないように綿を丸めて膣の中に入れた状態で軍人の相手をするしかありませんでした」

ハルモニの証言は生々しいものでした。テレビを見守っていた人々は驚きました。ハルモニの証言は人づてに広まっていきました。翌日、韓国のすべての新聞に金学順ハルモニの公開証言のニュースが載りました。たくさんの人々が、日本軍「慰安婦」の実態を知ったのです。もはや「慰安婦」問題は被害者のいない噂話にとどまらない問題となりました。日本軍「慰安婦」問題は多くの人々が知る厳然たる歴史の真実となったのです。

同年12月６日、ハルモニは他の被害者２人と共に、日本政府を相手に損害賠償請求訴訟を起こしました。この訴訟を契機に、日本の東京でハルモニの公開証言が再びなされました。この証言を聞いた日本の女性たちは大きな衝撃を受けました。そして、日本国内でも日本軍「慰安婦」問題を解決するために女性団体と市民団体が組織されました。

ハルモニはその後も、日本軍「慰安婦」制度の真実を明らかにし、日本政府のあいまいな態度を糾弾する活動を活発に続けました。日本政府が法的責任を回避するためにつくった「女性のためのアジア平和国民基金」（国民基金）の見舞金支給に対する反対運動も一生懸命にしました。1994年に発足した同基金は、国民の募金を集めて見舞金という形で渡すもので、日本政府の公式謝罪と法的賠償ではありませんでした。そのため、ハルモニはこの基金に反対したのです。

金学順ハルモニに出会った日本の女性たちは、今もこんなことを言います。「私は、金学順ハルモニの証言を聞いて、日本がおかした恐ろしい犯罪を今まで知らずにいたことに大きな衝撃を受け、胸が痛みました。その時から始めて、今も日本軍『慰安婦』問題を解決するために努力することを諦めていません」

金学順ハルモニの告白が、これほど大きなうねりを起こすことになるとは誰も思っていませんでした。思い出すだけでも辛く恐ろしい事実を口にする時のハルモニの心境はいかばかりだったでしょうか。ハルモニは、そのような苦渋をはねのけて勇気を奮い起こしたのです。そして、この告白によって、日本はもちろん、遠くオーストラリアやアメリカ、ヨーロッパの人々まで日本軍「慰安婦」問題に関心を持つようになったのです。

何よりも、ハルモニの勇気ある告白が第２、第３の金学順を生み出したことが、その意味の大きさを表しています。金学順ハルモニの公開証言後、数多くの被害者が名乗り出ました。これによって日本軍「慰安婦」問題が広く知られ、日本の責任を明らかにする活動が活発化しました。

また、長い歳月、世に出ることができなかった被害者たちを、韓国社会が抱きとめることができました。

金学順ハルモニは1997年12月にこの世を去りました。節約して貯めた2000万ウォンを、恵まれない人々のために使ってほしいと言い残し、欺《ぎ》瞞《まん》に満ちた国民基金は絶対に受け取らないようにと遺言して。50年もの歳月、過去に縛られて生きてきたハルモニが自ら名乗り出て、その存在に気づかせてくれた時、私たちはハルモニの証言にただただ驚くばかりでした。

でも、ハルモニが亡くなる前に残したお金と遺言が、私たちに別のことを気づかせてくれました。ハルモニは、もしかしたら証言をするために名乗り出たのではなく、世の中に対して熱い愛の告白をするために名乗り出たのではないかと。世の中はハルモニをはじき出したけれども、ハルモニは「二度とこのようなことが起きてはいけない」という気持ちで勇気を奮い起こしたのです。そして、ハルモニのその思いは人々に伝わりました。

告白は次なる勇気を呼び起こし

金学順ハルモニの勇気ある証言の後、挺対協は「挺身隊被害申告電話」を開設しました。金学順ハルモニの証言が新聞やテレビで報道され、挺対協の電話番号が知られるようになると、被害者や被害者の遺族からの電話が後を絶ちませんでした。その中には、日本の植民地時代に面（村）長が挺身隊に行くよう呼びかけたといった内容もありました。また、姉が幼い頃にどこかに連れて行かれ、いまだに戻って来ない、今も待っている、姉を捜してほしいと依頼してくる家族もありました。本当にどれほど多くの人が、日本軍「慰安婦」にまつわる痛みを胸に秘めて生きてきたのかが実感できました。

金学順ハルモニの証言から４カ月後、大邱《テグ》の文玉珠《ムンオクチュ》ハルモニが、日本軍「慰安婦」被害者として名乗り出ました。第２の金学順ハルモニの登場です。文玉珠ハルモニに次いで、第３、第４の被害者たちも名乗り出ました。被害者たちは一様に「このとおり生き証人がいるのに、日本がしらを切っているから名乗り出ることにした」と言いました。被害者たちも、自分が名乗り出ることで真実が明らかになることが分かっていたのです。

京畿道《キョンギド》南楊州《ナミャンジュ》市のビニールハウスの水タンク倉庫の中に部屋をつくって暮らしていた姜徳景ハルモニは、被害事実を明らかにした後、誰よりも情熱的に活動した方でした。慶尚南道《キョンサンナムド》晋州《チンジュ》で生まれたハルモニは、16歳の時に日本人の担任教師に勧められて、勤労挺身隊として日本に行ったそうです。初めは工場で働きました。ところがあまりにもお腹が空いたため脱出を試みて捕まり、日本軍「慰安婦」にされたのです。戦争が終わった時、ハルモニは妊娠していました。ハルモニは、子どもをカトリックが営む孤児院に預けて一生懸命に働きました。ところが、間もなく、子どもは病にかかり天国に召されていったのです。その後も、お金が少し貯まると病院代に消えていく生活だったと言います。慰安所でズタズタになった身体のせいで、生涯、貸間一つ借りることもできずに暮らしてきたのでした。

ハルモニは、生涯を貧しさと苦しみの中で生きてきたので、これ以上恐いものはないと言い、日本軍「慰安婦」問題を解決するために余生をすべて投げ打ちました。健康状態も、経済事情も、この上なく劣悪でしたが、日本の国民基金は絶対に受け取りませんでした。国民基金を受け取らないだけでなく、積極的に国民基金反対運動に立ち上がりました。

ハルモニは1995年、肺ガン末期の宣告を受けました。しかし病床でも、日本軍「慰安婦」として経験したことを絵で表現しました。日本軍「慰安婦」ハルモニたちの生活の場である「ナヌムの家」で美術の授業を受けたおかげで、病気が悪化する直前まで絵を描き続けることができたのです。

ハルモニは、絵を描く以外にもたくさんの活動をしました。スイスのジュネーブで開かれた国連人権小委員会にも行って証言し、日本の市民団体に招かれて日本を訪問し証言集会をおこなうなど、日本政府の謝罪と法的賠償を要求する活動を積極的に繰り広げました。当時のハルモニ

「奪われた純情」姜徳景ハルモニ

の姿は、単なる日本軍「慰安婦」被害者でも、重病を抱えた患者でもありませんでした。ハルモニは、情熱的な人権運動家でした。集中治療室と一般病棟を行ったり来たりしながら、少しでも具合がよくなると水曜デモに行きたいと言いました。1996年のある日、救急車に乗って水曜デモに参加したこともありました。

ハルモニの作品の中でも一番よく知られているのが「奪われた純情」という絵です。性暴力を受けた時の記憶をよみがえらせるだけでも辛いことなのに、ハルモニは日本政府が何をしたのか人々が知るべきだとして、自身の経験をキャンバスに残したのです。みなさんはご覧になってどう思いますか？　画家の作品に負けない立派な作品だと思いませんか？絵についてよく知らない私が見ても、日本軍から受けた心の傷と現在の日本が象徴的に表現されていると思います。ハルモニの作品は数十点に達します。それらの絵は、世界各国を巡回して展示されてきました。

ハルモニは1997年２月２日、肺ガンで亡くなりました。しかし、ハルモニが残した作品は今も世界各国を巡回しながら日本政府の蛮行を告発しています。また、多くの女性たちの口を通して、ハルモニが要求し続けた願いが今も伝えられています。

1991年８月14日に金学順ハルモニが名乗り出て以来、2009年12月末までに被害者として申告した日本軍「慰安婦」被害者は234人です。この中で多くの女性が、姜徳景ハルモニのように熱心に飛び歩く人権運動家に変身しました。一人の勇気ある告白が、数百人の心を動かし、また彼女たちの勇気が世界の人々の心を動かしたのです。

もちろん234人という数は、決して多い数とはいえません。日本軍「慰安婦」被害者の総数を考えると、申告者の数はもっと多くてもおかしくありません。研究者たちは、韓国をはじめアジアで日本軍「慰安婦」とされた女性の数を10万人から20万人ほどと推計しています。もちろん、この数字は推定に過ぎません。どれくらいの女性が日本軍「慰安婦」にされたかについては、今も正確には分かりません。でも、234人という数が被害者のごく一部であることは確かです。生きて帰れず戦場で亡くなった方もたくさんいたはずです。また、故国に戻っては来たけれど、いまだに自らの過去を恥ずかしいものと考えて、または家族に被害が及ぶと考えて、申告できないでいる方も多いと思います。その方たちの沈黙は、決して自らの責任ではありません。この社会が、いまだに彼女たちを完全に受け入れる準備ができていないことの証しなのではないでしょうか。

海を渡ってオーストラリアまで

金学順ハルモニの公開証言は、アジアを越えてオーストラリアにまで伝わりました。オーストラリア在住のオランダ人被害者ジャン・ラフ・オハーンさんも、1992年に韓国の日本軍「慰安婦」被害者が思いきって悪夢のような歳月について証言し、日本政府に謝罪を要求する姿を目にしました。

「当時はボスニアで戦争が勃発して女性たちが強かんされたというニュースが連日報道されている状況でした。韓国の女性たちは何よりも日本政府の謝罪を望んでいました。でも、彼女たちはどこからも謝罪を受けることができていませんでした。私はその時、彼女たちを手伝わなければならないと思い、ついに私の人生の暗黒の時を明らかにする時がきたと腹をくくりました」ジャン・ラフ・オハーン

オハーンさんが日本軍「慰安婦」だったことを明らかにする決意をしたのは、金学順ハルモニをはじめとする韓国の被害者たちが証言したからだといいます。オハーンさんも、決断を下したのです。しかし、オハーンさんの決断もまた、決して易しいものではありませんでした。オハーンさんは、夫以外の家族に日本軍「慰安婦」被害者だという事実を伝えていませんでした。しかし、オハーンさんは勇気を出しました。何も知らなかった２人の娘に自身の悲惨な時代の話をしました。それから世の

中に向かって、日本の蛮行を告発したのです。

「戦争が終盤に入った1944年のある日、日本軍はジャワ島に閉じこめられていた17歳以上の若い女性を全員、収容所の建物に集めました。私も他の女性たちと共に並びました。将校たちが女性たちを上から下へと眺めまわしました。後で知ったことですが、『慰安婦』を選んでいたのです。私はその頃、修道女になるためフランシスコ修道女会で教育を受けているところでした」ジャン・ラフ・オハーン

オハーンさんは他の女性たちと共に、日本軍の将校によって選ばれてしまいました。その日からオハーンさんは約３カ月間、昼夜を分かたず将校や兵士の「性的奴隷」として暮らさなければならなかったのです。

オハーンさんの証言は、金学順ハルモニの証言と同じくらい人々に衝撃を与えました。オハーンさんの証言に、ヨーロッパの人々は驚きました。アジアの女性だけが被害に遭った問題だと思っていたのに、「ヨーロッパ地域の白人女性まで日本軍の性奴隷にされた」という事実が国際世論に乗って広まることになり、日本軍「慰安婦」問題の残酷さが一層広く知れ渡ることとなりました。

とりわけ2007年２月15日、米国下院で開催された日本軍「慰安婦」へ

の謝罪を求める決議案採択のための聴聞会で、オハーンさんがおこなった証言は、欧米各国に報道され、多くの人々を驚かせました。皮膚の色も同じで、同じ言語を使う人の証言が共感を得たのです。私たちが金学順ハルモニの証言を聞いて真実を知ったように、欧米の多くの人々がオハーンさんの証言を聞いて日本軍の蛮行に対面することになりました。

このように、金学順ハルモニの証言の後、被害者の公開証言はオーストラリア、オランダ、フィリピン、台湾、インドネシア、中国、日本など日本軍「慰安婦」被害経験を持つ国々へと広がり続けました。そして、地域や国家を超えて日本軍「慰安婦」問題を解決するために被害者たちが力を合わせ始めました。

ハルモニたちの変身

長い間隠してきた秘密を打ち明けたハルモニたちの現在の様子はどのようなものでしょうか。水曜デモに行けばハルモニたちに会える、学校や市民団体主催の講演会や歴史の授業でハルモニに会った人もいる、という声が聞こえてくるようです。その通りです。被害者として社会の日陰ばかりを選んで暮らしてきた時代から抜け出したハルモニたちは、今やよりよい社会をつくるために献身する市民運動家になっています。いろいろな国際会議で証言し、学校や市民講座で証言し、また講演もします。ハルモニたちと同じような経験をした米軍基地村の性売買被害者を訪ねて行って、悔しいことがあるなら勇気を出して世の中に向かって声を上げるよう激励したりもします。

もちろん、日本軍「慰安婦」として精神と肉体に残る後遺症ゆえに苦しんでいるのは今も同じで、病魔と闘っている方も大勢いらっしゃいます。また、たくさんの被害者がすでに亡くなっています。水曜デモをはじめ国内外での活動は、ハルモニたちにとって決して楽なものではありません。長距離の旅程や集会への参加が身体に大きな負担を与えるからです。にもかかわらず、ハルモニたちは最善を尽くして活動しています。

「私は、ここに私と共にいる、この女性たちのおかげで、このように過去の痛みに打ち勝って、みなさんの前に堂々と立つことができました。そして、私の証言に耳を傾けて下さるみなさんの反応も、私が胸を張ることができるもう一つの理由です」2006年にアメリカのある大学で開かれた証言集会で、李容洙ハルモニは「どこからそんな勇気が出てきたのか」というアメリカの大学生の質問に、こう答えました。

ハルモニたちは80歳を過ぎた高齢ですが、人々の質問の前ではいつも気迫に満ちています。たくさんのハルモニたちが、お互いの立場を理解し勇気と力を得て困難を克服していくことができたからです。その上、多くの市民団体の支援もありました。このようなことを通して、ハルモニたちは遅咲きの人権運動家として生まれ変わったのです。

「韓国でも、学校から来いと言われれば学校に行き、他のところから来いと言われればそこに行きます。恥ずかしい顔だけど、恥ずかしいそぶりも見せないであちこち行っています。今は、恥ずかしいのは私ではないことが分かっているからです。他人に気づかれるのではないかと、隠れて、避けて、すべてを胸の中にしまいこんでいた頃は本当に大変でした。同居している息子も、全然気づいていなかったんです。……時々日本人から聞かれることがあります。『お金はいくらくらいほしいのか』って。そんな時にはその人の顔に唾を吐きかけてやりたくなります。私たちのことを、お腹が空いてお金の無心をする女だと思っているみたいです。お金をたくさんくれれば、日本を全部私にくれれば、この問題が解決すると思っているのでしょうか。私の傷が癒えると思っているのでしょうか。そんなことで傷は癒えません。真実を正しく認め、謝罪し、賠償しろというのは、私たちの人権を生かしてほしい、私たちの名誉だけでも回復してほしいということであって、他のことを望んでいるわけではないんです。こういう被害者がいるということを知らせて、名誉回復してほしくて、こうしているんです」吉元玉吉元玉ハルモニは、新聞のインタビューに対して、自らを恥ずかしがる必要がないことに気づいたと語りました。そして、日本政府が罪を犯したことを認めず、法的な責任も認めていない状態で、日本が出すお金には全く関心がないとも言いました。ハルモニたちは、日本の右翼が言うように、貧しいから日本からお金をもらおうと活動しているのではないのです。ハルモニたちが大切に思っているのは、戦争のない世界、そして女性の人権が尊ばれる世界です。そのためには罪を犯した日本政府が過ちを認め、被害者に謝罪し、法的な責任をとらなければならないと言っているのです。そうしなければ、他の犯罪者に対して範《はん》を示すことも、犯罪の再発を防止することもできないと考えているのです。誰の目から見ても、ハルモニたちは情熱的な運動家です。

ハルモニたちのこのような活動は、広く知られています。最近では「吉元玉ハルモニを招いて講義を聞きたいのですが可能ですか？」といった問い合わせもあります。ハルモニから証言を聞くというのではなく、ハルモニから歴史教育、平和と人権教育を受けたいという申込みが入ってきます。

また、アフリカやパキスタンなどで戦争と暴力に苦しめられ人権を蹂躙されている女性たちと彼女たちのために活動している人々から、韓国の日本軍「慰安婦」被害者と韓国人女性たちの活動に元気づけられ力を得ているというメッセージも届いています。これは短い期間に得られた成果ではありません。みなさんもご存知のように、1991年以降、ハルモニたちは20年もの間、日本軍「慰安婦」問題を知らせるために全力を尽くしてきました。その努力がやっと実を結んだのです。

欧州人の心を揺さぶる

ハルモニたちの活動は、1991年から最近まで止むことなく続いてきました。そして最近になって、とても大きな成果をおさめました。2007年、アメリカの下院で、日本政府の謝罪決議案が採択されたこと、同年11月に欧州議会で日本政府の謝罪と法的賠償を求める決議案が採択されたことが、その代表的な例だといえるでしょう。

2007年２月、米下院で開かれた日本軍「慰安婦」に関する聴聞会では、オーストラリアのオハーンさん、韓国の李容洙ハルモニ、金君子ハルモニが証言して、米下院の謝罪決議案採択を導き出しました。アメリカが、日本の公式謝罪と正しい歴史教育を促したのです。もちろん、議会の決議採択が強制性を持っているわけではありませんが、日本政府としては少なからぬ負担を感じることになりました。日本政府がこの決議案採択を阻止するために米国のロビー会社に約45万ドルのロビー費用を払ったことだけ見ても、日本政府がこのことをどれほど深刻に受け止めていたのかが分かります。

そして同年11月にはオランダのエレン・コリー・ヴァン・デル・プロフさんとフィリピンのメネン・カスティリョさん、そして吉元玉ハルモニが共にオランダ、欧州連合、ドイツ、ベルギー、イギリスなどヨーロッパ諸国を訪問し、オランダと欧州連合議会（欧州議会）で日本政府に謝罪と法的賠償を求める決議案が採択されたのです。このような国際的な活動は、日本軍「慰安婦」問題を広く知らせると同時に、国際社会の参加を導き出す良い機会となりました。

これから、欧州議会で活動したハルモニたちの様子を振り返ってみたいと思います。ハルモニたちがどのような証言をして、どのように欧州議会の議員たちの心を動かしたのか気になりませんか？　前述したように、欧州議会で決議案を採択させるため吉元玉ハルモニをはじめオーストラリアのプロフさん、フィリピンのカスティリョさんが欧州議会の公聴会に参加して証言しました。私も、ハルモニたちと共に参加しました。

議会の決議採択は、強制的な性格を持つものではありません。日本軍「慰安婦」問題が欧州議会の決議として採択されたとしても、日本に強制的な措置をとることはできません。ではなぜ、あんなに遠いところまで行って大変な活動をしたのでしょうか。欧州議会が日本政府に日本軍「慰安婦」問題を積極的に解決するよう求めることは、欧州社会が日本軍「慰安婦」問題をどう受け止めているのかを示すことになります。ここに意義があるのです。議会の決議は欧州議会や加盟国で法を制定したり政策決定をしたりする時に反映されるでしょう。もしも、日本軍「慰安婦」問題と類似のことが起きたりしたら、欧州の人々はその決議に沿って、相応な措置をとることができるでしょう。そして、日本政府にとっては何よりも大きな圧力になります。日本は国連安全保障理事会の理事国入りを果たすための取り組みを続け、国際社会で指導力を発揮できる国になろうとしているのに、日本軍「慰安婦」問題が国際世論をつかんで日本の恥部を暴いているのですから、日本にとっては目障りで仕方がないはずです。

欧州議会の日本軍「慰安婦」公聴会は2007年11月６日にベルギーの首都ブリュッセルにある欧州連合の議事堂で開かれました。

議会で決議案が採択されるためには、まず公聴会で問題の深刻さをアピールし、議題として選ばれるようにしなければなりません。公聴会は、決議案採択において評決の次に重要な手続きと言っても過言ではないでしょう。欧州をまわりながらたくさんの国に協力を訴えてきた私たちの日程の中でも、公聴会は最も重要なものでした。そのせいか、吉元玉ハルモニ、プロフさん、カスティリョさんの意志は、他のヨーロッパ地域で証言した時以上に強く、その分ずいぶんと緊張もしていたようです。

公聴会が開かれた会議室には議会の議員たちと職員、そしてたくさんの内外メディアが陣取っていました。参加者たちは人種の違う3人の高齢女性たちが手に手を取って会議場に入る姿を珍しそうに見ていました。

まず、プロフさんが口を開きました。プロフさんは、理路整然と自身の経験を語りました。プロフさんは、17歳の時に家族と共に強制収容所に入れられ、3カ月間日本軍に性暴力を受けたと述べました。

「本当に一日一日があまりにも長く苦痛に満ちた時間でした。3カ月が3年よりも長く感じられました。このように、日本軍は私たちに犯罪をはたらいておいて『キャンプでは何も起きなかった、食べ物も豊富だったし、すべてが良かった』と真実を歪曲してきました」

プロフさんは、続けて「私が望んでいるのはお金ではありません。私が望んでいるのは正義です！」と断固たる語調で訴えました。その時でさえ、プロフさんの瞳には依然として苦痛がにじんでいました。

吉元玉ハルモニの番になりました。ところが緊張したためでしょうか。ハルモニの顔色が赤黒く沈んでいます。ハルモニは糖尿がひどくて入院したこともありましたし、腰や股関節にも痛みを抱えています。その日の早朝、インシュリンを自分で打っていた姿が脳裏をかすめました。血糖値が高くなっているのではないかと心配になったのです。しかしハルモニは、すぐに落ち着きを取り戻して話し始めました。

「私は13歳の時に、工場で技術を教えてあげる、お金も儲けさせてあげると言われ、だまされて、親にも言えないようにされてその場で連れて行かれました。ところが工場はおろか、小さな畳部屋に私を閉じこめて『騒ぐな！　反抗したら殺すぞ！』と脅しました。恐くて泣いていると『泣いたら殴り殺すぞ！』と怒鳴りながら殴り、もっと小さな部屋に閉じこめました。そして次の日から部屋の前に軍人が並びました。そんなふうに獣以下の扱いを受けながら……」 ハルモニは、冒頭から衝撃的な証言をした後、言葉に詰まってしまいました。何度も何度もいろいろなところで証言してきた吉元玉ハルモニでしたが、この日はいつになく感情がこみ上げてきているようでした。

「抵抗すると抵抗したという理由で叩かれ、叩かれて泣いていると泣くなと言ってまた殴られ、仕方なくいうことを聞くしかありませんでした。あまりにも幼い年であんなことをさせられたせいか、間もなく私は性病にかかってしまいました。軍人の相手ができなくなって、病院で治療を受けました。ところが、その病気だけ治療すればいいものを、卵管を２つとも縛ってしまったのです。そのため子どもも産めず20代で子宮を摘出するしかなくなってしまいました。……どれくらい経ってからか、初めて生理というものがありました。それが何なのかも知らず、私はとうとう死ぬ病にかかったのだと思い、驚いてどれだけ泣いたか知れません。雑巾をあててみたり、服を破いてあててみたりしましたが無駄でした。その時、私よりも年上の人が、それは病気ではない、やっと大人の女になったのだと教えてくれました。そういう日には休ませてくれるのかと思ったらそうではありませんでした。軍人が一人来て行くと、敷き布団が真っ赤に染まって……」

ハルモニは、やっとの思いで話した後、大声で泣き出しました。静かな会議室にハルモニの泣き声が響き渡りました。冷静に見守っていた議員たちの目にも涙がにじみました。あちらこちらですすり泣く音が聞こえてきます。とりわけ女性たちはみな、下を向いて悲しみを堪えていました。ハルモニの話は続きます。

「私は、解放された後も長い間、自分の過去が恥ずかしくて人と会うのを避けてきました。でも、私は勇気を出してすべての事実を告白しました。そして水曜デモで育ち盛りの子どもたちにたくさん会いました。その子たちを見ているうちに、私には大きな宿題が一つできました。『あの子どもたちにだけはこんなことがあってはならない』という切実な願いです。そのためには何よりも戦争が起きないようにしなければなりません。そして真実を正しく明らかにしなければなりません。大変だけど、私の経験を通して、日本がどんなことをして、今はどのようにしているのかについて、みなさんに知らせなければならないと思いました」

吉元玉ハルモニは、日本軍「慰安婦」問題が韓国から来た一人の高齢女性の問題ではなく、ヨーロッパの人々の問題でもあるという言葉で証言を終えました。ハルモニの証言が終わると、場内は粛然とした雰囲気になりました。被害事実を全く知らなかったわけではないけれど、文書で読んだり誰かから伝え聞いたりするのと、被害者本人の肉声で事実を確認するのとでは大きな違いがあります。

被害女性たちの訴えは、大きな説得力を持ちました。とりわけ被害女性たちが日本軍「慰安婦」問題の解決を超えて世界の人権と平和のために活動しているという事実が、参加者の心を揺さぶったのです。被害事実を考えただけでも辛い問題であるにもかかわらず、それに打ち勝って今や世界の人々のために力を尽くそうとするハルモニたちに、参加者は敬意を表しました。

「今でなければ駄目だという思いで決議案採択のため最善を尽くすつもりです。アムネスティなどの人権団体も、政界を動かすために活動してください」 欧州連合のジーン・ランバート議員の言葉です。日本軍「慰安婦」問題は欧州連合に山積している政治・経済的な事案をさしおいてまで優先的に扱う緊急な事案ではないと考えていた欧州連合の議員や関係者たちの気持ちが、ハルモニたちの証言の力で変わったのです。

嬉しい知らせは、公聴会が終わった直後に舞い込みました。欧州連合は、毎月緊急議題を３つ決めて決議を採択します。これまでは日本軍「慰安婦」問題は緊急議題として選択するような事案ではないという意見を持っていた議会が、公聴会後、３つの緊急議題の一つに日本軍「慰安婦」決議案を選定したというのです。

吉元玉ハルモニ、プロフさん、カスティリョさんの努力はヨーロッパ地域の女性人権運動家たちの連帯を引き出し、ついに2007年12月13日、欧州議会の決議へと発展したのです。本会議の評決で出席議員57人中54人が賛成票を投じたといいます。

欧州議会は、「日本軍『慰安婦』被害者に正義を！」というタイトルで、日本政府に対し日本軍性奴隷制度に対する公式認定と謝罪をおこなうこと、被害者と遺族に法的な賠償をすること、教科書に性奴隷制度を記述し正しく教育することなどを求める決議案を採択、発表しました。これは、欧州連合の27カ国４億9000万人の市民の声を反映しているという意味で、日本政府にとって大きな負担となりました。数多くのヨーロッパの人々がハルモニたちを支援するため、声を上げたことに大きな意味があったといえます。

水曜デモ参加記 1

ハルモニに送る手紙

キム・ミナ　「平和を愛する韓国青少年歴史会」所属

私は、陳慶彭《チンギョンペン》ハルモニという日本軍「慰安婦」ハルモニのことを、母の教会の関係で幼い頃から知っていました。陳慶彭ハルモニの家は、本当に小さくてみすぼらしい家でした。日の入らない一間きりの家には、いつも布団が敷きっぱなしで、その上には痩せた陳慶彭ハルモニが一人で座っていました。山間の貧しい家の次女として生まれた陳慶彭ハルモニは、あまりにも貧しいので、お母さんは賃仕事をし、お兄さんは下男をして暮らしていたそうです。ハルモニは、お母さんを手伝って綿を摘む仕事をしていましたが、ハルモニが15歳になった年に、日本の憲兵が来て連行されたそうです。15歳と言うと、今なら中学校に通う幼い少女です。そんなふうに連れて行かれたハルモニは、船に乗ってたくさんの場所を通って、台湾の基隆《キールン》の洞窟にある慰安所に連行されて、私の口からはとても言えないような苦痛を経験されたそうです。

陳慶彭ハルモニは、今も夜ごと軍人たちから呼ばれる幻聴が聞こえて眠れず、扉の前に軍人たちが立っているように思えて家にいるのも恐いと言います。人間の皮を被った悪魔のような日本軍のせいで生涯を貧しさと病に苦しめられたハルモニは、2007年5月、この世を去られました。

今、イラクやアフガニスタンでは戦争とテロが起き、たくさんの人が死に、負傷しています。戦争が絶え間なく起きるのは、戦争と平和を破壊しようとする人が絶えず出てくるせいだと思います。今、日本はかつての日本軍の侵略戦争と犯罪に対して反省し謝罪するのではなく、隠そうとばかりしているようで悔しく、不安です。

ハルモニ！

私たち若者は、韓国の「慰安婦」ハルモニたちの問題を解決しなければ、悲劇は再び起きると思っています。ですから私たちは、歴史を正しく知り、その歴史に参加する若者になりたいと思います。学びは教科書の中にだけあるのではありません。ハルモニたちの苦痛に満ちた人生と歴史が真の歴史学習であり、未来の平和を拓く教室だと思います。

ハルモニ！

韓国には「悔しくて死にきれない」という表現があります。日本政府が公式に謝罪し許しを乞う日まで、どうかお元気でいてください。そして、南北韓（南北朝鮮）の全ての人々がハルモニたちの苦痛を共に悲しみ、怒り、解決するために力を合わせる国になることを願っています。私たちは千年万年かけてでも、日本軍の蛮行を記憶し、歴史に正しく刻み、日本政府に対して謝罪を要求していきます。

その日まで、日本が謝罪するその日まで、ハルモニたち、健康で、どうかお元気でいてください。

陳慶彭ハルモニの生前の姿。ハルモニは、闘病の末、
2007年5月に永眠した。

「ラバウル慰安所」姜徳景ハルモニ

「引っ張って行かれる」金順徳ハルモニ

「責任者を処罰せよ」姜徳景ハルモニ

「あのとき、あそこで」金順徳ハルモニ

「故郷の家」金福童ハルモニ

「家へ」吉元玉ハルモニ

「梨をもぐ日本軍」姜徳景ハルモニ

まだ問題は終わっていない

日本政府の不道徳な欺瞞《ぎまん》と、必ず解決しなければならない問題

忘れないために

日本軍「慰安婦」問題が世に知られるようになってから20年という歳月が流れました。ハルモニたちをはじめ多くの団体が日本政府に謝罪と賠償を求める活動を地道におこなってきましたが、この問題がすっきりと「解決した」と言える人はいないと思います。もちろん、たくさんの成果がありましたし、ハルモニたちも心の傷を癒《いや》し辛い過去から抜け出そうと努力しています。それでもまだ足りないものがたくさんあります。

高齢のハルモニたちは、一人、二人とこの世を去っています。この20

年の間に234人が被害者申告をしました。この中の多くの方が、日本の公式謝罪を聞くこともなくこの世を去りました。被害者として名乗り出た方たちの中で生存者は80人[1]ほどになってしまいました。しかし、日本政府は謝罪の動きすら見せていません。いったいどのような理由で日本政府は日本軍「慰安婦」問題を放置しているのでしょうか。高齢の被害者たちが全員亡くなるのを待っているのでしょうか。行き過ぎた憶測のようにも思えますが、日本政府ののらりくらりとした態度はそう見えても仕方のないところがあります。

ハルモニたちが全員亡くなったとしても、私たちが問題を忘れることはありません。私たちはこの問題を考え続けるでしょうし、それに対する答えを求め続けるでしょう。やっと知り得た真実を、再び歴史の彼方に押しやることはできないからです。もしも再びこの問題が私たちの記憶から消し去られるとしたら、その後のことは保障できないと思います。忘れないために、そして再びハルモニたちが経験したような歴史が繰り返されることがないように、私たちは今、日本軍「慰安婦」の歴史について学んでいるのです。

これからお話しする内容は、日本軍「慰安婦」問題がなぜいまだに解決されていないのかという問題です。ここで、日本政府の無責任な態度を発見することになると思います。そしてみなさんは日本政府の態度の裏側にどのような考えが潜んでいるのかについても気づくと思います。

日本政府の態度

1990年に日本政府が国会で「慰安婦」制度について日本軍が関与したという事実を公式に否認しなかったとしたら、この問題がこれほど大きな波紋を広げることはなかったでしょうし、沈黙していた被害者たちの怒りをかうこともなかったでしょう。日本政府は、勇気ある決断が必要な時にいつもその機会を逸してきました。

1990年６月、「慰安婦」は民間業者が連れ歩いたものという日本政府の答弁があった後、日本政府を批判する世論は、被害国だけでなく国際的にも高まりました。1992年に日本の中央大学の吉見義明教授が慰安所設置に日本軍が関与したことを示す文書を発掘しました。それ以前に金学順ハルモニの公開証言がなされたことは、みなさんももうご存じですね。このような理由で、日本政府は日本軍「慰安婦」制度に対する調査に着手せざるをえませんでした。

第１次調査結果は、1992年７月６日に発表されました。日本政府は、官房長官が「慰安所の設置、慰安婦の募集に当たる者の取締り、慰安施設の築造・増強、慰安所の経営・監督、慰安所・慰安婦の衛生管理、慰安所関係者への身分証明書等の発給等につき、政府の関与があった」という談話を発表する形で「軍の関与」を認めました。同時に、被害者に対して「政府としては、国籍、出身地の如何を問わず、いわゆる従軍慰安婦として筆舌に尽くし難い辛苦をなめられた全ての方々に対し、改めて心からのお詫びと反省の気持ちを申し上げたい」と述べました。

日本政府は、それまで否認してきたいくつかの事案について、政府の関与を認めたのです。しかし日本政府は「強制性はなかった」という点については、それまでの立場を固守しました。また、法的な責任についても認めず、「補償に代わる措置」を検討するというあいまいな態度をとりました。一般的に「賠償」という言葉は、不法行為に対する損害を償うことで、「補償」は適法な行為であっても損害があった場合にこれを償うことを意味します。日本政府は、戦時中に日本軍「慰安婦」制度に政府が関与したことは認めましたが、強制性はなかったから法的責任もないという点を確認しました。強制性がなかったなら、女性たちが自発的に「慰安婦」になったということになります。

日本政府の発表に批判が広がりました。そこで日本政府は１年後の1993年８月４日に第２次調査結果報告書を発表しました。合わせて「慰安婦」関連調査結果発表に関する内閣官房長官の談話も発表されました。これを、私たちは当時の官房長官の名前をつけて「河野談話」と呼んでいます。

第２次調査結果の発表で日本政府は「慰安所の設置、管理及び慰安婦の移送については、旧日本軍が直接あるいは間接にこれに関与した」「慰安婦の募集については、軍の要請を受けた業者が主としてこれに当たった」また「甘言、強圧による等、本人たちの意思に反して集められた事例が数多くあり、更に、官憲等が直接これに加担したこともあったことが明らかになった」とし、朝鮮出身の「慰安婦」の「募集、移送、管理等も、甘言、強圧による等、総じて本人たちの意思に反して行われた」と述べました。

第１次調査と違うのは「官憲等が直接これに加担したこともあったことが明らかになった」ということでした。しかし「政府の関与」という直接的な表現は使いませんでした。部分的にのみ強制性があったというのです。日本政府は、この発表で「軍の要請を受けた業者が」関与して「甘言、強圧による等、本人たちの意思に反して集められた事例が数多く」あったという論調で、「慰安婦」の強制連行の責任を依然として民間業者になすりつけました。国家の責任は、民間業者の背後に隠してしまったのです。その上、公式謝罪と法的賠償に対する方針は一切明らかにしませんでした。

この発表の後、法的賠償ではない「補償に代わる措置」という案が本格的に出始めました。これが後日、国民基金へと繋がっていきます。では、いろいろと問題が多く物議をかもした、この国民基金について次に見てみたいと思います。

国民基金、「賠償」ではない「見舞金」

1994年、村山富市社会党党首が日本の首相になりました。村山首相は就任後の1994年６月、東京で開かれた「戦後補償を求める市民集会」に参加して、韓国の被害者と日本の市民が見守る場で、日本政府の「謝罪と補償」がなされなければならないと発言した人物です。このような人が日本の首相になったのですから、韓国としては歓迎すべきことでした。

しかし、それから１カ月後、村山首相は戦後処理に対する法的賠償の原則を曲げました。村山首相が、私たちが期待した通りの人だったなら、日本政府は直ちに日本軍「慰安婦」制度に国家が介入した事実を認め、適切な謝罪と賠償の手続きをとったはずです。しかし、そうはなりませんでした。

新たに樹立された政府は「戦後50周年プロジェクト」というものを設置しました。戦争に対する責任を法的に解決し、正当な手続きによって補償するという計画は消えてしまったのです。そして、このプロジェクトの一環として、「女性のためのアジア平和国民基金」（「国民基金」）が設立されました。国民基金は、国民から募金を集めて日本軍「慰安婦」被害者に支給するというものでした。日本軍「慰安婦」被害者たちが断固として反対した国民基金は、このように私たちの期待を裏切る形で誕生したのでした。

村山政権の方針は、国外だけでなく、日本の市民団体の強い反対にもあいました。韓国、日本、フィリピンなどの40の民間団体が1994年７月、計画の白紙撤回を求めて立ち上がりました。同年８月には挺対協が「日本政府が民間募金形式で補償資金を調達しようとすることは、公式な賠償を巧妙に避けようという意図にしか見えない」と指摘し、計画の撤回を要求しました。日本の28の市民団体も共同声明を発表し、民間募金を通して「慰安婦」被害者に見舞金を渡す構想の撤回を日本政府に要求しました。

しかし日本政府は1995年、被害者と被害国、そして自国の市民団体の要求を聞き入れずに国民基金を設立、募金を開始しました。当然、被害者の要求を受け入れるべきだったのに無視して、自分たちの立場ばかりを考えて実行したのです。そして日本政府は日本国民と日本社会に対しては「国民基金」が道義的な責任から支給する見舞金だと説明し、国際社会にはこれを補償(compensation)だと広報する二枚舌の行動をとったのです。

国民基金は、日本政府が「慰安婦」制度を犯罪行為と認定していないという事実を明確に示すものです。犯罪であることを認め、それに対する法的責任をとるのではなく、「補償に代わる措置」で「法的責任」を回避する手段として活用したのです。賠償の主体は日本政府でなければなりませんし、賠償の理由は国家の犯罪行為に対する法的責任でなければならないのに、国民基金はそれらの条件には全く合致しないものでした。

国民基金の不道徳な欺瞞

被害者たちと被害国の民間団体、そして被害国政府の反対にもかかわらず、国民基金の支給は強行されました。国民基金の関係者らは、1997年1月11日、ソウルのあるホテルで秘密裏に、ふだんから交流のあった被害者7人と会って基金を手渡し、韓国社会が国民基金を受け取った被害者を非難していると事実を歪めました。そして、国民基金を受け取るまいとする被害者には、人を使って強要しました。

「誰なのか聞いても答えずに、一方的に『ハルモニはよっぽどお金をたくさん持っているから基金を受け取らないんですね』と言って電話を切ったんですよ」黄錦周

多くのハルモニたちが誰からなのか分からない電話による強要に苦し

められました。見舞金をいやいや受け取るというのはおかしなことです。ここに国民基金の矛盾があります。

「私に、日本から大金をもらってやるから、お金をもらったら仲介料として1000万ウォンくれと言うのよ。それでバカ言うなって怒ってやったの」李容女《イヨンニョ》

国民基金が支給され始めてから、挺対協にはハルモニたちが国民基金を受け取るように斡旋し代行する対価として一人当たり200万ウォンから500万ウォン、または1000万ウォンを要求する人もいるという通報が入り始めました。被害者の中には、本人が知らない間に国民基金を受け取ったことになっていた人もいました。

沈達連《シムダリョン》ハルモニは、見知らぬ男が訪ねてきて日本政府から大金を受け取ってあげると言い、印鑑と身分証の写本を持って行ったと言います。字が読めないハルモニは、何も疑わずに身分証と印鑑を渡したそうです。ハルモニは、日本が大金をくれると言うので補償してくれるのだと思ったのです。ところが１年経っても、何の知らせもありませんでした。後で調べてみると、ハルモニは国民基金を受け取ったことになっていました。韓国人男性に基金が支払われたことも、国民基金の関係者を通して

確認されました。もちろん、ハルモニとは何ら関係のない人でした。

これに対して国民基金関係者は、挺対協が基金支給に協力しないから、そのような事故が起きたのだと非難しました。そして、フィリピンの場合はNGOが基金支給事業を受け入れ支援したから、そのような事故が起きなかったと付け加えました。

2007年3月、国民基金は結局、韓国、台湾、フィリピンなどアジアの被害女性258人に基金を支給したと発表しました。オランダでは、被害者79人を相手に医療福祉事業をおこない、インドネシアでは日本軍「慰安婦」被害者とは全く関係のない高齢者施設建設費用としてインドネシア赤十字社に資金が支払われたといいます。しかし、国別に何人に見舞金が渡されたのかは明らかにされていません。どのような方法で、何人に基金が支給されたのか分からないので、沈達連ハルモニのような事例がどれくらいあるか確認する術がないのです。

このようにして日本政府は、日本軍「慰安婦」被害者たちに対する政府の責任は尽くしたと宣言しました。正確な数は分かりませんが、約10万から20万人と推定される日本軍「慰安婦」犠牲者のうち258人に国民の募金を集めて見舞金を支給したことで、政府の責任は果たし尽くしたと考えているのです。相変わらず日本政府は被害者たちが「お金」を要求していると、自分勝手に判断しているのです。

国民基金に対する対応

被害者をはじめ日本軍「慰安婦」問題の解決のため活動していた女性団体は、国民基金に対する対応を考えなければなりませんでした。被害者の多くが厳しい経済条件の下で暮らしていましたから、これに対する対策を立てて日本が日本軍「慰安婦」問題を金銭的な問題として終わらせようとするのを防がなければなりませんでした。

国民基金に対応するための最も重要な課題は、日本軍「慰安婦」問題の本質を確認させることでした。被害者と女性団体は、この問題が単に金銭的な問題ではなく犯罪に対する法的責任を問う問題であるという世論形成をすることが重要だと考えました。その最初の試みとして、被害者たちは日本軍「慰安婦」問題の責任者処罰を要求しました。これを具体的に実行するために、日本の検察庁に責任者の処罰を求める告訴・告発状を提出しました。

次なる試みとして、「国連人権小委員会」の勧告に従い「国際仲裁裁判所」に日本政府を提訴する案も検討しました。しかし、日本政府がこれに応じなかったため、裁判には至りませんでした。国際仲裁裁判は、提訴された国が応じなければ開かれないことになっているのです。国際仲裁裁判はできませんでしたが、このような運動を通して日本軍「慰安婦」

問題を金銭的な問題と見ていた世論をある程度変えることができました。

国民基金が日本軍「慰安婦」被害者を、「見舞金」を支給すべき同情の対象扱いをしていたため、被害者たちの生活安定のための対策を講じなければなりませんでした。とりわけ政府レベルの安定的な支援が必要でした。政府は、1993年から日本軍「慰安婦」生存者を対象に生活支援金500万ウォンを支給し、永久賃貸住宅に対する入居優先権を与えました。さらに、毎月所定の生活費の支給を開始しました。しかし、これは国民基金が発足する前のことです。被害者たちには、もう少し意味のある大きな支援が必要でした。

そこで、韓国民が募金を集めて見舞金を渡す案が検討されました。これを通して「日本政府は被害者を慰める立場にはなく、犯罪を認め公式謝罪、法的賠償をしなければならない」という点を強調し、被害者たちには国民の温かい気持ちを伝えるという計画でした。同時にそれは、ハルモニたちが半世紀もの間、韓国政府と国民から温かい慰めの言葉の一つも聞くことなく、貧困の中を生きてこなければならなかったことに対する反省の意味でもありました。

このような計画に沿って1996年10月、「強制連行された日本軍『慰安婦』問題解決のための市民連帯」が発足し、募金運動が展開されました。こうして集められた国民の募金に韓国政府の支援金を加えて、国民基金を拒否してたたかってきた被害者たちに1998年、4300万ウォンの見舞金が支給されました。国民のこのような募金は、この時が初めてでした。1992年にも、挺対協は国民運動本部を発足させて６カ月間の活動の末に、被害者一人ひとりに250万ウォンの支援金を手渡したこともありました。

しかし、国民基金に対応するいろいろな活動にもかかわらず、被害者たちは深い傷を負うことになりました。国民基金の最も本質的な問題は、日本政府が過去に起きた犯罪を認めず、これをごまかそうとしたことです。長い間活動した結果が国民基金という結果になったことで、被害者たちと女性団体はさらに長いたたかいへと突入せざるをえませんでした。

日本が責任を認めない理由

日本政府や右翼の人々が日本軍「慰安婦」問題に対して国家的責任を認めない理由は何でしょうか。また、国民基金という制度を通して国家レベルの謝罪と賠償の道を歪めた理由は何でしょうか。日本軍「慰安婦」問題に対して国家的責任を認めまいとする日本の立場は非常に複雑に入り組んでいます。

第２次世界大戦当時、日本はどのような目的を持って大陸で戦争をしたのでしょうか。歴史の授業でみなさん学びましたね？　日本が戦争を起こした理由は、「民族と国家の繁栄のため」でした。日本をはじめ第２次世界大戦を起こした国がとっていた立場を極端な民族主義とも言い、植民主義または帝国主義とも言います。軍国主義と呼ぶ人もいます。みな似たような意味を持っています。日本は1931年に満州事変を起こして戦争を始め、1941年には真珠湾を急襲して第２次世界大戦に本格的に突入しました。

しかし、日本が真珠湾を急襲してからほどなく、アメリカをはじめとする連合国が日本との戦争に集中していき、結局、日本は1945年、広島と長崎に原爆が投下されて戦意を喪失し、敗戦を宣言しました。日本は敗戦と共に、支配していた植民地をすべて剥奪《はくだつ》されました。日本の植民地主義は挫折《ざせつ》したのです。

しかし、戦争が終わってから65年たった今も、日本の一部右翼は、日本の侵略戦争と植民地支配を正当化しています。アジア太平洋戦争を侵略戦争と認め謝罪することは、先祖の名誉を踏みにじることであり、戦争で命を落とした英霊に対する重大な冒瀆だと拒否しています。日本の政治家たちが競ってＡ級戦犯がまつられる靖国神社に参拝する姿をみなさんも見たことがありますね？　これらは全部、同じような立場からなされているものです。このような価値観の上に立って、日本の右翼の人々は日本軍「慰安婦」問題を見ているのです。「日本民族の発展と繁栄のために弱い民族は支配されることもあるし、その過程で『慰安婦』は避けられないものだった」という立場です。

このように、日本の右翼の中には日本軍「慰安婦」制度を必要悪とみなす人々がいます。そのような人々は、国のためにいつ死ぬか分からない戦場でたたかっている軍人たちのため、性的欲求という人間として当然の本能を満足させ軍人たちに慰安と安定を与え、現地の女性に対する強かんを防止するなど、必ず必要な制度だったと主張します。戦争のために女性の人権蹂躙を正当化し、男性の性欲充足のために強かんと性売買をよしとする主張です。本当に身の毛がよだちます。今も、性売買と性暴力、人身売買がなくならず、むしろ横行している現実は、まさにこのような考え方から生まれているのです。

さらに日本には、第２次世界大戦当時に日本が持っていた価値観をそのまま継承しようとする動きもあります。日本には「平和憲法」と呼ばれる憲法９条があります。日本が再び戦争を起こさないという、世界に対する約束であり平和公約と言えるものです。憲法９条によれば、日本は自衛目的以外には軍隊を保持することも、海外における軍事行動をとることもできません。また、国際紛争を解決する手段として武力による威嚇《いかく》や武力攻撃をすることも制限されています。ところが日本は最近、この憲法を改悪して再びアジアの平和を脅かす軍国主義に戻ろうとする動きを見せています。

このような立場を固守している日本の一部右翼は、非常に過激に日本軍「慰安婦」の真相究明運動を妨害しています。2000年に「日本軍性奴隷制を裁く女性国際戦犯法廷」の日本側代表を務めた松井やよりさんは、法廷を準備し開催するまでの1年間、自宅に帰ることができなかったといいます。右翼の脅迫があったからです。日本軍「慰安婦」問題を解決するために活動している日本の人権運動家と国会議員は、売国奴と呼ばれ威嚇されています。

2008年1月8日には、東京にある「女たちの戦争と平和資料館」(wam)を右翼が襲撃し、「慰安婦は売春婦だ」などと叫びながら、wamの代表として活動していた西野瑠美子さんに罵声を浴びせました。2007年、米下院と欧州議会で日本軍「慰安婦」に対し謝罪と賠償をするよう勧告する決議案が採択されると、日本の右翼は危機感に襲われました。その結果、日本の良心的な人々に対する妨害行為が過激化したといえます。

このような行動は、今も続いています。日本軍「慰安婦」問題関連のイベントがあると分かると、必ずその会場前に数十人が現れ、性能の良いスピーカーを使って「従軍慰安婦の強制連行はなかった」「慰安婦は売春婦だ」といった暴言を吐き捨て、イベントを妨害します。とりわけ日本に暮らす在日同胞に対する人権弾圧と暴力行為は毎日のように起きていると言ってもいいほどです。

日本政府の動きにも変化が生じています。1993年8月4日に発表された河野談話の内容を修正しようとする動きもあります。前段で見たように、河野談話の主な内容の一つが「日本軍『慰安婦』の募集は一定部分強制的におこなわれた」ということです。ところが安倍元首相は「強制連行を立証する資料は発見されていない」とし、軍によって組織的かつ体系的にはたらかれた犯罪を「狭義の強制連行」問題に矮小《わいしょう》化し、日本軍「慰安婦」制度の本質を歪める発言をしました。そして、日本政府は「（河野談話発表までに）政府が発見した資料の中には、軍や官憲による、いわゆる強制連行を直接示すような記述も見当たらなかった」という答弁書を閣議決定までしたのです。

日本の右傾化によって日本軍「慰安婦」問題の解決はどんどん遠くなっているように見えます。右派は、日本軍「慰安婦」問題に対する国際的な非難が高まると、ドイツやソ連、韓国など他の国も戦争犯罪をおかしたのに、なぜ日本にだけ責任をとれというのかと抗議します。日本国民に対しては、むしろ日本が被害者だと言い、日本軍「慰安婦」問題を教科書に載せる問題と、靖国神社参拝についてアジアの被害国が云々《うんぬん》するのは内政干渉だと宣伝しています。みなさんの中で、日本の都市に建っている「戦争と平和」をテーマとする博物館を見学したことのある方はいらっしゃいますか？　そういう経験のある方なら感じたのではないでしょうか。私も、日本の都市を訪れるたびに必ずその地域にある博物館に行ってみるのですが、どの地域でもほとんどの博物館が、日本が侵略戦争を起こした戦争犯罪国で加害国であるという事実よりは、日本も被害国で被害者だという認識を強調して展示しています。このような考え方を持っている日本が、日本軍「慰安婦」問題を自ら解決しようとすることは本当に難しいことだと思います。

日本の保守派を動かすことができなかったために失敗はしましたが、実はチャンスはあったのです。1994年に日本の社会党が政権についた時のことです。社会党は、日本軍「慰安婦」問題が最初に提起された時から、とても積極的に国会で問題提起し、解決のために努力してきた党でした。とりわけ本岡昭次議員や清水澄子議員は、日本軍「慰安婦」問題について国会で活発に活動した代表的な社会党議員でした。前述しましたが、当時の社会党委員長だった村山富市議員も、「戦後補償を求める市民集会」に参加して、日本政府は法的に賠償しなければならないと発言していました。そのような社会党が政権の座についたのですから、当然、日本軍「慰安婦」問題は急進展して解決に向かうと思われました。しかし、社会党も結局、右派勢力に気を遣《つか》わなければならなかったようです。日本の右派世論が日本政府をがんじがらめにしていたのです。このような状況で誕生したのが国民基金でしたが、日本軍「慰安婦」制度を犯罪と認定することができませんでしたし、法的責任を認定することができないから賠償は不可能だと主張しました。その代わりに、アジアの貧しい女性たちのために温情主義をほどこし、見舞金を支給するというのが国民基金だったのです。

1965年日韓請求権協定と日本軍「慰安婦」

これまで日本政府が日本軍「慰安婦」問題を国家の責任として認めない態度について見てきました。そして、日本のそのような対応に、どのような意図が隠されているのかについても見てきました。彼らの考え方が分かったので、私たちがどのような形で日本軍「慰安婦」問題にアプローチすべきなのかについても、考えておく必要があると思います。そして、私たち自身をどのように律すべきなのかについても、考えてみたいと思います。

この20年間に日本軍「慰安婦」問題を解決できなかった要因として、もう一つ重要なことがあります。それは、1965年に締結された「日韓請求権協定」です。協定が締結されて、日本は３億ドルを韓国に無償で支払い、２億ドルを10年にわけて貸し付けました。日本政府は、これを植民地支配に対する賠償ではない独立祝賀金および経済協力金という名目で支払ったと国内で説明しました。ところが国際社会では戦争に対する補償金として支払ったと説明したのです。日本政府のこのような態度は、これまでにお話した国民基金の二重性ととてもよく似ています。

アメリカの主導の下、1951年、韓国と日本の国交正常化のための条約交渉が始まりました。この会談は14年にわたる紆余曲折を経ることになります。日本でも多くの人が反対しましたが、韓国でも野党と学生たちが軸になって強力な反対運動が展開されました。1964年３月に政府が日韓国交正常化方針を明らかにすると、全国各地で大規模な反対デモが起きました。学生のデモ隊が中央庁舎に押しかけ、派出所を破壊するなどデモは激化しました。すると、朴《パク》正《チョン》熙《ヒ》大統領は全国に非常戒厳令を宣布し、すべての学校に休校令を出して国民の反対デモを阻止しました。結局、1965年６月22日、日韓両国は14年におよぶ国交正常化交渉に終止符を打ち、「日韓基本条約」に署名しました。そして８月14日には野党議員が欠席する中、日韓請求権協定批准同意案が議決されるに至りました。当時の韓国政府が、様々な政治的、経済的な問題を克服する方策として選択したのです。

この協定を通して、日本から受け取ったお金はほとんど国家の経済発展のために使われたといいます。そして、戦前の日本の被害にあった国民に対しては、極めて少ない額が支給されました。それも、一部の人しかもらえなかったといいます。その当時には議論すらされなかった日本軍「慰安婦」被害者には補償金が支給されるはずもありませんでした。

この協定は、かつて日本から被害を受けた人たちが日本政府を相手に起こした訴訟で決定的な障害として作用してきました。日本政府は「1965年6月22日、大韓民国政府と日本国政府が締結した協定によって請求人らが持つ権利は消滅した」と主張し、日本軍「慰安婦」問題の法的責任を否定してきました。すなわち、1965年の日韓請求権協定でかつて日本がおかした戦争犯罪に対する補償はすべて終わったと主張しているのです。

最近でも、この協定は物議をかもしています。日韓請求権協定の正確な名称は「財産及び請求権に関する問題の解決並びに経済協力に関する日本国と大韓民国との間の協定」です。どこにも戦争や犯罪、賠償を暗示する用語が見あたりません。結局、この協定は日本軍「慰安婦」問題を解決するうえでも障害になってしまいました。

にもかかわらず、一つ確実な事実は、この協定には日本軍「慰安婦」問題が含まれていないということです。依然として「日本政府は被害者に対して賠償責任を負っている」という事実が各所で確認されています。当時、日本軍「慰安婦」問題がよく知られていなかったことは、みなさんもう十分に分かっているでしょう。当時、日韓請求権協定の韓国側代表だった金鍾泌《キムジョンピル》氏は1996年６月、挺対協と会った場で、1965年の日韓請求権協定の時には「慰安婦」問題は知らなかったし、扱う考えもなかったとし、その文書には「慰安婦」問題は含まれていないと語りました。

前述したように、日本政府は1992年７月以前には「慰安婦」制度に対して軍と国家の関与はなかったと否定し、1993年８月になってやっと強制性を認めました。ですから、「慰安婦」問題の賠償問題が1965年の日韓請求権協定で解決したという日本政府の主張は、明らかに矛盾しているのです。

2005年、解放60周年にあたり、韓国政府は被害者たちの要求を受け入れて、1965年の日韓請求権協定に関する文書を全面公開しました。そして交渉の過程で、日本軍「慰安婦」被害者、サハリン抑留者などの賠償については扱われなかったことが明らかになりました。韓国政府も、公式の立場としてこれを認め発表しました。当然、公式謝罪と賠償の権利が残っているということになります。

たくさんの国際機関や国際法の専門機関も、同じような判断を下しています。仮に日本政府が主張しているように、日韓の間で賠償問題が終わっていたとしても、被害者個人の請求権まで消滅させることはできないというのです。国民の権利が条約や協定によって放棄されたり消滅されたりすることはないからです。また、日本軍「慰安婦」制度は、明白な国際法違反の事例で、日韓協定は賠償請求権に何らの影響も及ぼさないといいます。日韓請求権協定が締結された当時、国際法違反に関する賠償は議論もされなかったからです。

日韓請求権協定で補償手続きがとられたと主張する日本政府にも問題がありますが、日本によって被害を被った国民の権利をあまりにも軽く扱った韓国政府にも責任があります。

私たちは、経済発展など様々な名目や理由で個人の人権が踏みにじられるケースをよくみかけます。その過程で男性に比べ発言権の弱い子どもや女性、高齢者らがより大きな痛みを抱えることになります。日本軍「慰安婦」問題をこのような観点から見ると、この社会を構成している私たちもまた、責任意識を持たねばならないと思います。あと（199ページ）の章では、世界各地の紛争地帯で発生している性暴力について見ることにします。このような事例が、日本軍「慰安婦」問題とあまりにも似ているからです。これを通して戦争と女性、そして人権問題の本質を見いだし、なぜ私たちが日本軍「慰安婦」問題に責任意識を持たねばならないのかについて考えてみたいと思います。

［1］**生存者80人**：2010年11月現在の生存者数。2011年５月現在で生存者数は71人になっている。

世界の良心を目覚めさせる水曜デモ

キム・チャンソプ　第765回水曜デモに参加した市民

2007年６月13日、光化門交差点でバスを降りて何も考えずに歩いた。『韓国日報』のあたりだとおおよそ聞いていただけで場所もはっきり分からず、その上時間にも遅れていた。「どんなに急いでも15分はかかるのに……」と思うと、歩みはどんどん速くなった。周辺には何度も行ったことがあるが、誰かに説明しようと思うとできないような場所に、「水曜デモ」の現場はあった。「どんなふうにやっているんだろう？」「一人で行っても大丈夫か？」「行くのをやめようか？」などと１～２時間ほど迷った末のことだったが、実際に太陽が降り注ぐ蒸し暑い中を歩き回ってたどり着いたその場所で目の当たりにした人々は、そんな愚かな問いを一気に吹き飛ばしてくれた。

分厚いガラス窓、日本から持ってきたのか、韓国のものとは違う材質の煉瓦で建てられた日本大使館の建物、背後に立ち並ぶオフィスビルがその辺りの風景だ。そしてもう一つ、不自然なくらい静かに立ち並んでいる濃い色彩の制服を着た警官たちの前に、20～30人ほどの子どもたちと、それよりも少し少ないくらいの大人たちが、手に手に黄色い蝶々を持って集まっている場所。一人で足を止めてその後列に加わろうとするのは少し勇気がいったが、その場の雰囲気はすごく良かった。その光景は、そこに行く前に、またそこに行くまでの間に抱いていた心配や迷いを吹き飛ばしてくれた。その場所は一つの聖地だった。簡単な文化公演が終わり、参加者の紹介が続いた。幸いさほど遅れはしなかったようだ。

ある大学から団体で参加している人もいれば、修道女会から参加している人もいたし、日本から来た人もいた。ハルモニたちの姿が見えないので「今日はハルモニたちは来ていないんだな」と思った瞬間、最前列に座っているハルモニたちが見えた。僕が一番後にいたために、よく見えなかったのだ。やっぱり当事者であるハルモニたちが来ていなければデモは成り立たない。しかし、一方でこんな考えも浮かんだ。「いや、ハルモニたちがいなくてもデモの価値はある」

時間がさらに経過して、一人二人と亡くなられたら、いつかハルモニたちが誰もいなくなる日が来るかもしれないと思った。そのような日が思った以上に早く訪れるかもしれないし、すでに近づいているのかもしれない。ハルモニたちのいない水曜デモ、その日が来るかもしれないことを知っているから、僕たちは焦りを感じているのかもしれない。

最近、ドイツが７年にわたっておこなったナチス時代の強制動員に対する賠償を終わらせたと、外国メディアが報道していた。ナチス時代に強制労働をさせたフォルクスワーゲン、ダイムラー・クライスラー、バイエル、ドイツ銀行などがドイツ政府と共に出資して「記憶・責任・未来財団」をつくり、全世界に散らばっている被害者の申請を受け付け、補償金を支払ったというのだ。対象は167万人、総規模は43億7000万ユーロ。個人単位で計算するとこれは明らかに少額だ。しかし、同じ時代におかした犯罪に対して、日本にはいまだこのようなカッコイイ名前の財団もなければ、そうする勇気も、意思もないのとは対照的だ。

誰かが「ドイツがあんなふうに過去の清算をしようとするのは、ドイツの意思もあるが、ヨーロッパの周辺国家がそうさせている側面が大きい」と言っていた。ドイツが戦時中に数多くの残虐な犯罪を働いたにもかかわらず生き残っていられるのは、反省し賠償したからだというのだ。そうでなければドイツは倫理と相互関係を重視するヨーロッパで生き残ることはできなかっただろうというのだ。この話に心から同意する。

保守勢力の自分勝手な考え方を抑えて良心を目覚めさせることができたのは、普通のドイツ人一人ひとりの良心に加えて、周辺のプレッシャーがあったからかもしれない。人間の気持ちってそんなものだと思う。

そのような意味で、東アジアは1945年の終戦後、法理的には独立を成し遂げたが、精神的な独立は未だ途上にあるのではないか。韓国、北朝鮮、中国、台湾、フィリピン、ベトナムからもう少し遠いオーストラリア、ニュージーランドまで、日本に対して声を上げているように見えるが、一度として公式に戦後問題処理のために集まったという話を聞いたことがない。各国はこれまで、経済的な利害関係に従って、加害者だった日本と戦略的に手を結んだり放したりを繰り返してきた。台湾は、日本の産業構造を受け継ぎ、フィリピンのような東南アジアは資本の投資が必要で、中国は覇権争いのため、韓国と連帯するよりも独自にこの問題にアプローチすることを願っていた。そのような中で朴正熙政権の韓国は、インフラ建設の資金源として賠償問題を利用したのだ。

いずれにせよ、多くの国が絡まる「日本問題」を解決するためには、各国が優先順位に対して譲歩しなければならない。それは、その国が何のために存在しているのかという問いでもある。

参加者の紹介が終わって、日本から訪ねてきたある男性の発言があった。その方は、挺対協から出てきた通訳を断って、たどたどしい韓国語で言葉をつないでいった。「私は、日本で教師をしています。日本でもこの問題について教えており、関心を持っています。これからも関心を持って伝えていきます」短く、たどたどしくはあったが、日本から来た男性の発言はハキハキしていて、目には情熱がみなぎっていた。今、彼らを助けることができるのは誰か。前世紀に私たちは日本の被害者だったが、日本列島に生きる良心的な人々にとって、今では逆に、私たちがなくてはならない存在になっている。彼らが、なまぬるいこの社会の関心を目覚めさせるために、水曜デモに来てくれたように。

次に団体で来た小学生の中で、恥ずかしそうに話した3人の女の子と、元気いっぱいに「ハルモニ、大好きです」と叫んだ男の子が前に出て感想を述べた。子どもたちに正しく、そして堂々と歴史を教えること、それは教育がなしうる最も価値のあることの一つだと思った。

最後に私たちはスローガンを叫び、来週の水曜デモでの再会を誓った。

「軍隊慰安婦」を強制連行したことはないと暴言を吐く日本の首相は

謝罪せよ！　謝罪せよ！　謝罪せよ！

賠償責任は尽くしたと知らんふりする日本政府は

反省せよ！　反省せよ！　反省せよ！

このような事態を傍観し腕組みして背中を向ける韓国政府は

率先せよ！　率先せよ！　率先せよ！

「戦争をやめて！」

金相喜ハルモニ（右）は、友だちと一緒に撮ったこの写真を写真館に取りに行った帰り道で、警察につかまり日本軍「慰安婦」にされた。写真の中の友だちも一緒に連行されたが、その後消息は途絶えたという。

朴頭理ハルモニの生前の姿。関釜裁判の原告として下関判決という勝訴判決を勝ち取ったハルモニは、2006年に亡くなる直前まで、闘病生活をしながらも水曜デモに対する強い熱意を示した。

「私はお金はいらない！　謝罪しろと言ってるのよ！」と、いつも叫んでいた黄錦周ハルモニ。日本政府だけでなく、韓国政府に対しても怒りをぶちまけたハルモニは、今は認知症になり何も覚えていない。

絵をよく描いていた金順徳ハルモニは、情の深い方だった。水曜デモに来るたび、コーヒーやジャムなどを甘くつくって持って来てくださった。2004年に亡くなり、金順徳ハルモニの甘いコーヒーも、胸がチクンと痛む懐かしい味になってしまった。

金福善《キムボクソン》ハルモニの若い頃の写真。東京地裁でおこなわれた損害賠償請求訴訟で陳述するなど、1992年から非常に熱心に活動したが、現在は闘病中だ。

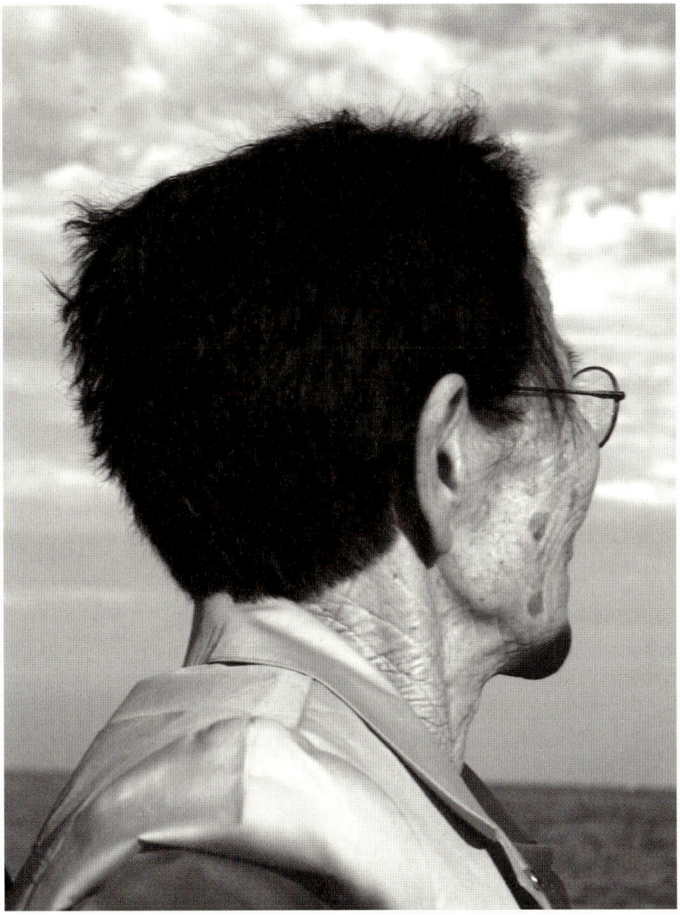

陽気で、歌が流れると踊り出すチェ・オギハルモニ。2004年に済州島人権キャンプに参加したハルモニが遠い海を見つめている。

尹斗《ユンドゥ》伊《イ》ハルモニは15歳の時、巡査によって釜山の影《ヨン》島《ド》第1慰安所に連行された。他の被害者たちとは違って、家の近所に連れて行かれたために、解放後釜山で暮らすことができず、故郷を去った。水曜デモでは、日本大使館に今にも押し入りそうな様子で、これまで秘めていた怒りを表出させた。2009年5月、持病が悪化してこの世を去った。

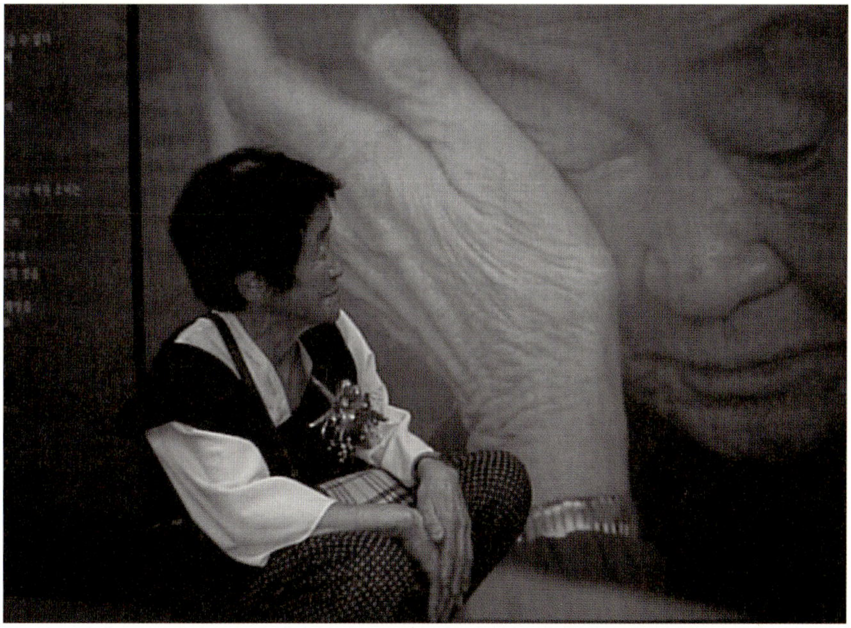

国会で開かれた日本軍「慰安婦」に関する展示会で、金殷禮ハルモニが自分の顔が映し出された画面をじっと見つめている。

戦争と女性、絶えず繰り返される悪縁

国家、そして戦時性暴力の真実

第２の日本軍「慰安婦」

日本は敗戦後、すべての植民地を剥奪されました。それでも残った植民地が一つありました。それは自国に暮らす女性たちです。まさに最後の植民地でした。日本は、戦争が終わった後、駐屯しているアメリカ占領軍のために「慰安所」を設置しました。敗戦から３日後の1945年８月18日、日本の内務省警保局は全国の警察に秘密指令を発し、占領軍専用の「慰安施設」を特設するよう指示しました。そして８月26日には「特殊慰安施設協会（Recreation and Amusement Association）」が設立されました。略称で「RAA」と呼びます。

新たな「慰安婦」は、戦災孤児や戦争で夫をなくした女性、職のない女性、元芸妓や娼妓、外地からの引揚者など日本に暮らす女性の中から選ばれました。また、爆撃で破壊された工場に隠れていた女性たちを誘引して「慰安婦」として雇用した例もありました。戦時は軍需品をつくるために工場で労働した女性たちを、戦争が終わると「慰安婦」として雇用したのです。新たに誕生したRAAも日本軍「慰安婦」同様、社会的弱者層の女性たちで構成されていました。

RAAの声明書には「戦後処理の国家的緊急施設の一端として、駐屯軍慰安の難事業を課せらる。（中略）数千人かの人柱の上に、狂瀾を阻む防波堤を築き、民族の純潔を百年の彼方に護持培養する」という内容があります。また、「RAA設立にあたって業者たちは皇居前に集結して、『民族の純血』を守る『人柱』として慰安婦となる女性を集めることで、『国体護持に挺身』することを宣誓した」そうです（『女性の目から見た韓日近現代史』p194、2005年）。ここで新たな「慰安婦」女性たちは民族の純潔を守るための「人柱」と比喩されています。そして、「防波堤」ともいわれています。

ここには女性の犠牲を、しかも社会的弱者階層の女性の犠牲を民族のために正当化する論理が盛り込まれています。米軍が日本女性を強かんして民族の血統が汚されることを防がなければならないという論理は、民族主義的な発想に起因する本当に間違った考え方です。さらに、その犠牲となった社会的弱者階層の女性たちは、「日本」という範疇《はんちゅう》にも含まれていなかったのではないかと思うと、やりきれません。

第２次世界大戦勃発に重要な役割を果たしたドイツにも、これと似た考え方がありました。ヒトラーは「優生学」に基づいてゲルマン民族の優秀性を強調しました。人種に等級をつけ、価値評価をしたのです。「人間は人種別に生まれつきの価値がある」どう考えても、今日の平等主義とは相反する見解です。これこそがユダヤ人虐殺を可能にした考え方です。

他の民族を排斥するこのような論理は、今でも横行しています。このような論理は性差別だけでなく人種差別も誘発します。民族に対する過剰な自負心を持ったり、他の民族を根拠もなく非難したりすることもあります。グローバル時代といわれる今日の社会にも、このような態度が一部に存在しています。

だからといって自民族に対する自負心がすべて悪いと言うつもりはありません。日常のあちらこちらに潜んでいる民族に対する自負心を、何から何まで警戒しながら生活することもできないでしょう。そんなふうに考えたら、ワールドカップを見ながら韓国を応援することまで問題になるでしょうし、韓国文化の優秀性を世界に誇ることも民族主義的な発想ということになってしまいますから。ただ、みなさんが自分の民族に対して持つ自負心と同じくらい、他の民族の文化を理解し、その民族の個性や多様性、そして違いを認める気持ちが必要であることは確かです。そのような気持ちのない、自民族優越主義は暴力を生むだけです。それは、とても危険な考え方です。

改めて「慰安婦」問題に戻りましょう。結局、RAA関連施設は設立の翌年に解散しました。日本に駐屯していた米軍の性病感染率が68%に達したからでした。戦後、日本女性は米軍を相手にするRAAで深刻な人権侵害を受けました。社会的に最も弱い階層の女性たちを「最後の植民地」にしてしまったのです。

もちろん、日本のこのような発想は、日本の女性たちに先んじて、植民地の女性たちを苦しめました。他の民族に対する無知と一方的な嫌悪のあるところでは、戦争はあまりにも簡単に正当化され、女性に対する人権侵害は自然に発生するといえます。ここで一つ疑問が起きます。このような問題は戦後の日本でのみ起きた問題なのでしょうか？　いいえ、違います。「最後の植民地」は世界のあちらこちらにあります。

私たちがつくった植民地

極端な民族主義と男性優越主義によって女性の人権が深刻に侵害されるケースは、韓国社会でも起きています。基地村という言葉を聞いたことがありますか？　解放後、韓国に駐屯していた日本の軍隊は姿を消し、そこに米軍が入ってきました。その米軍が駐屯する基地を中心に米軍専用の酒場、美容院、クリーニング店など特殊な「村」が形成されました。これを基地村と呼びます。基地村では、韓国人女性と米軍人との性売買が公然とおこなわれていました。韓国政府は、性売買を違法と規定しながらも、南北が分断されている状況で駐韓米軍は韓国を北の脅威から守ってくれる絶対的な友軍と見なし、女性たちの性病を管理するなど、基地村における性売買を政府が管理、統制しました。性売買に対して裏表のある政策をとったのです。最近ではフィリピン、ロシアなどから人身売買で、または就業をエサに女性たちを大量に引き入れ性売買をさせているといいます。韓国人女性が受けた被害を、そのまま他国の女性たちに引き継がせている格好です。

前述した「キーセン観光」もありました。もちろん「買春観光」に国家が直接、主導的に介入したわけではありませんが、性売買女性たちを「ドルを稼ぐ愛国者」と奨励し、黙認し、助長したことは事実です。

1960年代の韓国は、経済成長を国の最大の目標に定めました。当時は国家の経済発展のためになされることは、ほとんどすべて愛国的行為と見なされました。日本政府が自ら設置を業者に命じたRAAとは異なりますが、これもまた自国と自国民の発展のために人権侵害が黙認されたという意味では共通点があります。

1973年10月26日付『朝日新聞』は、「キーセンの奮闘に文化教育相が最大の賛辞」という記事を載せ、日本を訪問した当時の韓国の文化教育相の発言を紹介しています。韓国の閣僚が「買春観光」に貢献する女性たちを励まし、これを広報する内容でした。それくらい当時の韓国の「買春観光」は広く知られていましたし、政府の黙認の下、盛況を成していたのです。

こんな質問をする人もいます。「お金を稼ぐために売春をしている女性も人権を侵害されているのでしょうか？」と。この質問は、日本の右翼が「朝鮮人女性がお金を稼ぐために自ら『慰安婦』になったのに、なぜ日本政府に謝罪と賠償を求めるのか」と主張するのと同じことです。日本女性の中で性売買をしていた女性たちが、お金を稼ぐために日本軍「慰安婦」に志願した事例がありました。しかし、その女性たちが性売買をしていた女性で、お金を稼ぐために志願したからといって国家が女性にはたらいた性奴隷犯罪が消えるわけではありません。その女性たちの人権問題は、きちんと糺《ただ》すべき問題です。問題の本質は、一個人がそのような決定をするようにし向けた社会のシステムにあります。経済発展のために外貨を稼ぐ手段として女性を商品化することは、国家が根絶しなければならない問題です。ところが国は沈黙を決め込み、むしろ助長したのです。それによって国が利益を得ると思ったからです。このように考えていくと、戦後の日本が民族の純潔を守るためにRAAをつくったことと、経済発展のために基地村、キーセン観光を黙認した韓国の態度には大きな違いはないといえます。

国に強要されて韓国の女性たちが性売買をすることになったわけではないかもしれません。しかし、他の人と同等な機会を持つことができなかった一部の女性たちに、国と社会は「特別な目的」をもって、その仕事を強要したのも同然といえます。国は、全体の利益のためにこの女性たちを活用してもいいと考えたのです。まるで「植民地」のように。民族の純潔を守るという目的であれ、政治と経済の発展という目的であれ、個人を犠牲にすることは正当化できません。「目的のために手段を正当化することはできない」とよくいいます。これは、個人の尊厳と人権という問題の前で、一層光を放つ言葉だと思います。

時には沈黙が重大な犯罪になりうることを、私たちはよく知っています。国家と社会が、知っていながらこれを黙認する行為は、社会的に孤立し疎外された階層の人々にとってはさらに致命的な威力を持つことがあります。そのような意味で、この時代に起きる様々なことに対して責任意識を持って臨《のぞ》むことが、私たちの義務でもあるのです。

これから、世界各地で起きている戦争で、女性がどのような被害を被《こうむ》っているかについて見ていきたいと思います。そして、韓国の戦争犯罪についても考えます。それは、もう一つの日本軍「慰安婦」問題です。今も、世界の多くの国の女性たちが「最後の植民地」となって苦しんでいます。この植民地を「防波堤」として活用している国もあります。また、この植民地を思い通りに踏みにじってもいいと考えている国もあります。このような事実を知ることは、これまで長い間続けてきた沈黙から抜け出さねばならない理由を知る過程になるはずです。

ごめんなさい！ ベトナム

日本軍「慰安婦」問題をはじめ戦争と女性の人権に関する問題を見ていくうえで、私たちが必ず知らなければならないことがあります。それは、ベトナムです。

みなさんも、「ベトナム戦争」について聞いたことがありますね。ベトナムの人々はこの戦争を「アメリカ戦争」と呼んでいます。ベトナムの立場では、アメリカが自分たちの国に侵攻してきたからです。1964年、ベトナム全域が共産化することを恐れたアメリカは、後に自作劇であることが暴露された「トンキン湾事件」を口実にベトナム戦に本格的に介入しました。この戦争は1975年まで続きました。その間、ベトナムは国土全体が焦土となり、おびただしい物質的被害を被っただけでなく、人命被害も数え切れないほど深刻でした。爆撃による死者や負傷者もたいへんな数に上りましたが、何よりも胸が痛むのは民間人虐殺による被害でした。また、女性たちが受けた強かん被害もおびただしい数に上りました。

この戦争に韓国軍が参戦したことは、おそらくみなさんもよくご存知でしょう。アメリカと南ベトナムの要請を受けて韓国はベトナム戦争に参戦しました。1964年９月から1973年３月までの約８年６カ月間、韓国軍は主にベトナム中部の農村や沿岸の村に駐屯して遊撃戦を遂行しました。そして同期間にベトナム中部のビンディン(Binh Dinh)省、クワンナム(Quang Nam)省、クアンガイ(Quang Ngai)省、フーエン(Phu Yen)省、カンホア(Khanh Hoa)省などで韓国軍による民間人虐殺が起きました。

とりわけビンホア（Binh Hoa）という村で韓国軍は民間人36人を穴に落として銃や手榴弾でみな殺しにしたといいます。そのため、その村の入口あたりには犠牲者の墓が並んでおり、「天に達する罪悪、万代に記憶せり」で始まる韓国軍憎悪の碑が建てられています。女性を強かんし、木に吊して残虐行為をおこなったうえで殺害したケースもありました。中には、妊娠8カ月の女性の腹を割いて胎児を引き出し、火の中に投げ入れて燃やした例までありました。女性に対する残虐行為はこれにとどまりません。女性たちを裸にして一つに縛りつけ、井戸に投げ込んで殺害したケースもあります。

ベトナムで韓国軍の戦争犯罪が深刻な問題として浮上すると、韓国軍首脳部は「慰安婦」をつくる計画も立てました。ベトナム戦当時、駐ベトナム韓国軍総司令官だった蔡《チェ》命《ミョン》新《シン》氏は2000年11月、ある雑誌のインタビューに答えて、性売買女性で構成されたいわゆる「慰安婦隊」の派兵を本格的に検討したが、実行には移せなかったという事実を明かしました。おそらくベトナム戦争がさらに続いていたら、韓国も「慰安婦」制度をつくっていたかもしれません。

その他にも、ベトナムで起きた性暴力と韓国軍の無責任な行動によって、たくさんの問題が発生しました。ベトナムで韓国軍に性暴力を受けた女性は、なかなか結婚することもできず、とても貧しい暮らしをしています。「ライタイハン」[1]と呼ばれる2世たちも、貧しさゆえに学業を続けられないのが一般的です。学校では「敵軍の子ども」と見なされて仲間はずれにされることもありました。アメリカがベトナムから撤退し

上の写真は、ビンホア村の追悼碑。
下の写真は、ビンディン省タイビン（Tay Vinh）村の慰霊塔壁面にモザイクで描かれた絵。韓国軍部隊のマークまでくっきりと描かれている。

て、アメリカに協力した人は敵軍と見なされ、その過程で韓国軍に性暴力を受けた女性たちとその子どもたちも差別を受けたのです。

ところが最近、もっと恥ずかしく腹立たしい事実を知りました。みなさんもご存知でしょうか。韓国軍がベトナム人に加えた蛮行について韓国人が全く記憶していない今、ベトナム参戦軍人団体または地方自治体が国家予算をかけて、各地に「ベトナム参戦碑」を建てているということを。ベトナム参戦軍人の訓練地だった江原道《カンウォンド》華川《ファチョン》郡オウム里にも参戦碑が建てられ、2010年４月には江原道横城《フェンソン》市にも建てられました。京畿《キョンギ》道《ド》富川《プチョン》市は１億4800万ウォンもかけて記念碑を建てたそうです。私が住んでいる京畿道水原《スウォン》にも、大勢の人が集まる公園の入口に参戦碑が建てられています。

私たちは、日本軍「慰安婦」被害者に謝罪と法的な責任もとらずに戦犯をまつる靖国神社を参拝し、戦争を美化したたえる日本の政治家を批判してきました。ところが、もしかしたら私たちも日本と同じような過ちをおかしているのではないでしょうか。

ベトナム人に加害者として記憶されている韓国軍が、その戦争でおかした犯罪に対しては責任をとらずに、参戦したことを美化し記念しているとしたら、それは犠牲者に対して再び大きな罪をおかすことなのではないでしょうか。みなさんはどう思いますか？　私は過去の歴史を骨の髄まで記憶し、徹底的に反省しなければ、再び過去の過ちを繰り返してしまうと考えています。

韓国政府は、いまだにこれに対して何らの責任もとっていません。ベトナムの民間人を虐殺し、戦争犯罪をおかした人々も沈黙しています。ベトナム政府も、経済的な実益のために歴史にふたをしています。なぜでしょうか。やはり国家の名誉と利益に関わる問題だから、誰も口にすることができないのでしょうか？　もしそうだとしたら、私たちの脳裏に浮かぶ国が一つあるはずです。私たちが日本軍「慰安婦」問題を発展的に解決するためには、ベトナムに対する問題も共に克服しなければならないのです。

まだ終わっていない

いまだに世界各地では戦争が続いています。その中には、あまり聞いたこともないような国もあります。そのような国については、戦争が起きたことでその存在と名前を知り、記憶することもあります。名前も聞いたことのないような国の軍人が銃を持って走り回る姿を、私たちはテレビを通して見ることがあります。戦場で勇敢にたたかっている男性たちの姿にひかれて軍人にあこがれる人もいれば、ミリタリー・ゲームに熱中する人もいます。特別に意識しなくても、私たちは戦争を簡単に体験することができます。

しかし、数多くの戦争の中でたくさんの女性が死と拷問、強かんの恐怖におびえている事実はなかなか浮き彫りにされません。実は大きな話題になっていないだけで、今もバングラデシュ、カンボジア、コンゴ、ペルー、ルワンダ、ソマリア、ウガンダなど世界各地で集団強かんや性暴力の事例が報告されています。被害者たちのほとんどが戦時の極限状況の下で抵抗もできずに、無差別に被害にあっています。日本軍「慰安婦」問題が、名称を異にして世界各地で再現されているのです。

日本軍「慰安婦」問題と並んで女性人権運動史に最も大きな衝撃を与えた事件は、ボスニアの内戦で起きたことではないでしょうか。1991年から1995年まで、ボスニア内戦では２万人を超えるボスニアムスリム女性がセルビア兵に強かんされたり殺害されたりしました。３時間で15人の軍人から集団的な性暴力を受けたと証言した女性もいます。セルビア兵が他の兵士から金銭をもらって女性を売りさばいた例も報告されています。

６歳から80歳までの女性が性暴力の被害にあいました。強制的に不妊手術をさせたり、妊娠した女性を監禁したりもしました。性暴力を受けた女性とその子どもたちは、引き続き暴力の支配下に置かれます。このような行為は、組織的におこなわれました。セルビア兵の中には、上官に命じられてやったと証言している人もいます。

19歳だったサネラは、４人のセルビア兵に捕まりました。サネラは、強制的に服を脱がされ、冷たい板の上に寝かされて兵士たちに次々と強かんされました。彼女はひどい拷問と強かんを受けながらも生き残り、囚人交換で解放されました。しかし、満身創痍《まんしんそうい》となって子どもを持てない身体になりました。

あまり知られていませんが、ルワンダはもっと深刻です。ルワンダでは、50万人の女性が性暴力を受けたといいます。その他にも、アジア、アフリカなど世界各地で今も、宗教間、民族間の紛争が続いており、その中で女性が性暴力と人権侵害にさらされています。しかし、依然として犯罪者は逮捕されていません。

アフリカの紛争地域では、少女たちが兵士として駆り出され、父親が誰かも分からない子どもを産み育てているケースもあります。ユニセフが推計した全世界16の紛争地域で活動している少年少女兵は約30万人に達しています。戦争に動員された少女兵たちは性奴隷、コック、荷物持ち、スパイなどに利用されるほか、実際に戦場で交戦をする場合もあります。彼女たちのほとんどが、戦争が終わった後も解放されずに性的搾取を受けたり、性売買組織に売られたりしているそうです。

「暗い夜でした。突然、襲ってきた反乱軍の兵士たちに捕まりました。私を連れて行くなと、泣きながら哀願する母がその場で殺害され、私は目隠しされてどこかに連れて行かれました。翌日から反乱軍の大将の7番目の妻となり、5年間、性奴隷生活をすることになりました。その時、私は12歳でした。彼らと過ごした5年間、夜は反乱軍大将の性奴隷とされ、昼間は物を運んだり、軍需品を整理したりする仕事を担当しました。時には銃を持って戦闘に出ることもありました。私はそれでも運がいい方でした。他の女の子たちは夜ごとたくさんの兵士の相手をさせられ、食事の順番も最後に回されるのでいつも飢えていました。5年前に一緒に捕まってきた子たちが一人ずつ見えなくなり、結局、私一人だけ残りました。たぶんあそこにもう少しいたら、私も他の子たちのように、誰にも気づかれないうちに消えていたかもしれません」ワールド・ビジョン・コラム「まだ言い尽くせていない話」（パク・チュンソ）より

2007年のウガンダ北部地方の少女兵リディアの話です。リディアは、政府軍との戦争中に劇的に脱出してワールド・ビジョンが運営する「少年少女兵再活保護所」に入ることができました。その時、リディアは妊娠9カ月でした。

世界の紛争地域で発生している性犯罪は、数え切れないほどです。こ

こで取り上げたのは、ごく一部にすぎません。みなさんは、これらの被害事例が日本軍「慰安婦」と同じだということに気づいたと思います。そして、日本軍「慰安婦」問題がなぜ私たちだけの問題ではないのかについても、ある程度理解できたと思います。ずいぶんと時間が経ちましたが、女性に対する戦争犯罪は全く改善されていません。なぜ男性たちは戦時にためらいもなく女性に対して暴力を振るうのでしょうか。戦時下で女性に対する性犯罪が頻繁に起きる理由は何なのでしょうか。

戦争と性犯罪、そして女性

直接的に体験しなくても、私たちは日常生活の中で戦争を象徴する様々な文化的端緒を発見することがあります。映画を通して戦争を間接体験するのは日常茶飯事になりましたし、私たちが日常的によく使うものの中にも戦争と関係しているものがたくさんあります。戦争が人類の科学と文化を発展させたという人もいるくらいですから。このようなことを通して戦争と女性がどのような関係に置かれているのか、簡単にでも類推してみることができるのではないでしょうか。

とりわけ子どものおもちゃには、戦争と密接な関係のあるものがあります。とくに男の子のおもちゃには多いですね。子どもにも戦争は魅力的なテーマなのでしょうか。ところで、男の子たちがおもちゃの銃を撃ち刀を振り回している時に、その傍らで女の子たちは砂でご飯を炊き夫の帰りを待っています。ままごとをしているのです。みなさんご存知だと思いますが、遊びを通して子どもたちはそれぞれの性別役割を学んでいきます。

このような光景は、子どもの遊びの中にだけ見られるものではありません。子どもの遊びと同じように、男性たちは銃と刀を持って戦場に行き、女性たちは故郷で息子や夫の帰りを待ちます。戦場の男性たちが帰るところは祖国であり、母のもとであり、妻のもとなのです。長い間、私たちはそのように性別役割を分担してきましたし、そのように学ばせられてきました。

戦争で勝利を確認する最後の手続きは、相手の領土を支配することです。そして、それと同様の価値があると思われる女性を支配することです。母国という単語があります。母なる国です。自分が生まれて暮らしている国を意味します。私たちは無意識のうちに、国土と女性を同一の意味を持つものとして捉えてきたのです。もちろん、故郷で待っている妻や母は象徴的に存在するだけではありません。このような理由から、戦場における女性への暴力は、相手を確実に制圧したという意味を内包するものにもなっています。そのため、戦時に発生する強かんと暴力事件は、戦争勝利のための体系的かつ組織的な軍事戦略として活用されることもありました。占領地で女性を対象に犯罪をおかすことによって、相手を刺激できるという計算があるのです。

何度も死の峠を越えてきた兵士は、こんなことを思います。

「相手を一番痛めつけられる方法は何か？」

しばらくして兵士は、質問の仕方を変えます。

「俺にとって一番大切なものが、相手にとっても一番大切なものなのではないか？」

そして兵士は答を見いだします。

「そうだ、奴らの母親や妻、そして娘だ！」

軍事的な選択ではない場合でも、軍人たちは戦場で敵に対する憎しみを占領地の女性にぶつけることで解消することがあります。このような考え方は、男性中心主義で家父長的な論理から出てくるものです。もしも、被害者がこれを恥ずかしがらずに対抗することができたとしたら、そして共同体がこのような女性たちに罪の意識を持たせないようにできるなら、戦場におけるこのような暴力的な状況を少しでも改善できるかもしれません。

日本軍「慰安婦」問題に対する私たちの態度にも、これと似たような感情がまざっているのかもしれません。被害者の立場ですが、私たちは彼らと同じような視点で、韓国の女性たちが奪われたと思っているのではないでしょうか。「奪われた祖国、そして奪われた女性」というふうに。「奪われた女性」という表現は、女性の貞操が奪われたことを意味しているのでしょう。しかし、女性は国家の領土でもなく、奪ったり奪われたりするモノでもありません。男性と何ら変わらない「人間」なのです。ただ、男性たちの一方的な論理で女性がそのような価値のものにされてきたのです。そのため女性は戦場で、時には軍需物資のように、また時には憎悪を解消する対象として扱われてきたのです。

日本軍「慰安婦」問題は、もしかしたらこの地点から始まると考えられます。世界の紛争地域で起きている性犯罪も、ここから始まっていると見ることができます。そして、私たちが反省すべき部分もこの地点であるはずです。戦争が終わり故郷に帰ってきた日本軍「慰安婦」被害者が捨てられた理由は何でしょうか？　当時、韓国社会には被害者に対して「もはや娘として、妻として価値のなくなってしまった、すでに奪われたもの」という見方が強かったのではないでしょうか。

日本軍が妊娠した女性や性病にかかって価値がなくなったと見なした女性を捨てたことと、貞操を失った女は家族として、妻として価値がないと考えたことは、等しく家父長的な見方から生まれた見解であることを否定できないと思います。私たちはこれまで、加害者の非人間的で性差別的な価値観に反対してきました。しかし、それに対する私たちの受け止め方も、たいした違いはなかったのです。

数多くの侵略を受けてきた韓国の歴史で、なぜ日本軍「慰安婦」問題がこれほどまで注目されたのでしょうか。それは、勇敢で心ある人々が女性の権益のために努力してきた結果だと思います。実際、これまで韓国の歴史に記録された女性は、ほとんどが烈女[2]や良妻賢母でした。

数多くおこなわれた戦争で、女性たちは大変な苦しみを味わってきたはずです。しかし、貞節を重視した韓国の伝統社会は、そのような被害にあった女性を受け入れてきませんでした。豊臣秀吉軍の武将を抱きかかえて川に飛び込んだ論介《ノンゲ》[3]や、幸州山城[4]に石をせっせと運んで敵を倒す上で功をうち立てた女性たち、そして「大韓独立万歳」を叫んだ柳《ユ》寛順《グァンスン》[5]は歴史に記録されていますが、それは、家父長的で男性中心主義的な考え方が韓国史のほとんどを支配してきたことを示すものに他なりません。

これと同じような考え方に基づいて、日本の一部右翼は、戦時に起きた強かんと暴力を正当化してきました。「人類の戦争史に現れる共通の姿だ。習慣のように固まったもので仕方がない」という論理でアプローチしているのです。しかし、これは自国の戦争犯罪を正当化するために歴史的な状況を有利に解釈しているにすぎません。ドイツのシンポジウムで、日系女性が私にした質問が思い出されます。「韓国軍もベトナムで女性を強かんしたでしょ？　韓国政府はその女性たちにどういうふうに責任をとったんですか？　日本政府と同じようなことをしているのに、なぜ日本にだけ責任を問うんですか？」

みなさんならどう答えますか？　難しい質問でしょうか。いいえ、みなさんにとっては、もう難しい質問ではないはずです。性差別的で男性中心主義的な考え方では何も変えられないということを知っているのですから。戦争も問題ですが、その中で繰り広げられる性犯罪の本質は、この社会が平時にすでにつくっておいたものです。みなさんはもう、このような質問に対して適格に答えることができるはずです。それは韓国と日本の問題を超えて全人類の問題だということを、知っているのですから。

[1] **ライタイハン**：ベトナム戦争に参戦した韓国軍兵士たちとベトナム女性の間に生まれた子どもをさす。ライはベトナムで軽蔑の意味をこめた混血を指し、タイハンは大韓のベトナム語読み。

[2] **烈女**：節操をかたく守る女性。または、信念を貫きとおす激しい気性の女性。

[3] **論介**：李朝時代の妓生(キーセン)。1593年日本軍が慶尚道の晋州城を占領し、酒宴を開いた際、日本一といわれた武将を誘い出し、抱きかかえたまま南江に身を投じたといわれている。

[4] **幸州山城**：文禄・慶長の役において、1593年２月12日に、朝鮮半島の漢城西方に位置する、幸州山城で行われた戦闘。日本軍との戦いの現場となった京畿道水原禿山城から漢城の北西15㎞にある。

[5] **柳寛順**：梨花学堂学生で、まだ15歳だった1919年、ソウルの３・１独立運動に参加、官憲に拘束され、拷問により病死したとされる。

私たちがつくっていくべき未来

人権と平和の世界のために

私たちが守るべき価値

　これまで私たちは、日本軍「慰安婦」問題をはじめ戦争中に発生する性暴力の本質的な問題について考えてきました。男性中心主義で家父長的な考え方が戦時性暴力を誘発し、その後も女性を抑圧するということが分かったと思います。そして、極端な植民地主義が個人に犠牲を強要し、女性を「植民地」化することも分かりました。戦争中に発生したこのような問題を、単に国家間の外交的または法的な問題にしてしまってはなりません。それは、私たちみんなの問題なのです。

このような問題を知っていく過程は、とても苦しいものです。認めたくないこともたくさんあるでしょう。でも、それを克服し、堂々と前に進む時、多くの問題を発展的に解決することができます。しかし、私たちは長い間、それができませんでした。何が問題だったのでしょうか？

もう分かりますね。そう、沈黙です。自分の問題ではないと考え、あまりにも長い間、たくさんの人々を苦しめてしまいました。

1992年８月、挺対協は韓国女性運動史において初めて日本軍「慰安婦」問題を国連人権委員会の舞台に上げました。日本軍「慰安婦」問題が国際社会に知らされた時、韓国の運動家たちが一番たくさん受けた質問は「こんなに深刻な事実がなぜ黙認されてきたのか」でした。被害者とその家族が事実を明らかにするのは難しかっただろうが、国と社会はなぜ黙っていたのか、ということです。

この問いに一言で答えるのは易しいことではありませんでした。戦後の韓国社会の複雑な事情を簡略に説明することも容易ではありませんが、保守的で家父長的な文化が被害者をどのように抑圧したのかについても、説明が難しかったからです。そして何よりも彼らの質問に答えにくかった理由は、私たち自身の責任意識があまりにも足りなかったという思いがあったからでした。正確に言うと、同時代を生きる者として、この問題をもっと早く知り得なかったことが恥ずかしかったからです。

戦争で性暴力を受けた人々に社会は沈黙を強要し、被害女性たちは口を閉ざしました。そして社会も沈黙しました。この２つの沈黙が歴史的な真実を隠し、被害者を苦しめてきたのです。問題はそれだけではありません。この２つの沈黙は、また別の戦争と性暴力を誘発しました。結局、責任をとるべき人もなく、被害者もいなくなったら、私たちはそれを「犯罪」と呼ばずに、「日常」と呼ぶことになるのでしょう。

私たちは、日本軍「慰安婦」問題を考察する過程で、沈黙の恐ろしい力を知りました。一方で偉大な告白の力も知りました。金学順ハルモニの勇気ある告白を聞きましたし、尹貞玉先生が日本軍「慰安婦」問題に関心を持ち続けて世に知らせようと努力する姿も振り返りました。彼女たちが私たちに教えてくれたものは、歴史の真実だけではありません。私たちが守り保存しなければならない価値が何なのかを教えてくれたのです。それは、人権です。多くの人々がその価値を守るために努力してきました。そして、その人たちの努力で世界は少しずつ変化しています。

日本から聞こえてくる反省の声

日本軍「慰安婦」問題を解決するための市民運動は、世界の紛争地帯で活動する運動家たちの力になっています。遠くアフリカの紛争地域の運動家たちが、挺対協の活動から力を得たという話も伝わってきています。挺対協をはじめ多くの団体が、日本軍「慰安婦」問題と共に世界の女性たちの人権を守るために幅広く多様な活動を繰り広げてきた結果だと思います。

日本でも、新しい変化の風が吹き始めました。2007年に米下院議会で満場一致で決議案が採択された後、オランダやカナダ、欧州連合の議会で同様の決議案が相次ぎ採択されたことは、みなさんもよく知っていますね。このような決議案の影響で、日本の市民社会にも変化の波が押し寄せています。高齢のハルモニたちが世界各地をまわって市民社会と政界を動かし活動した結果でもあります。ハルモニたちの活動は、私たちだけでなく日本の市民社会にも感動を与えたのです。

日本の市民社会は、地方議会で決議をあげて、日本政府と議会に国際機関の勧告を受け入れて被害者に謝罪と賠償をおこない、歴史教科書に事実を記録することなどを要求する活動を開始しました。このような活動は、すぐに実を結びました。2008年３月に兵庫県の宝塚市議会で日本政府に日本軍「慰安婦」問題の真相究明を実施し、被害者の尊厳回復に対して努力し、誠実に対応することを要求する意見書を採択したのです。これを皮切りに、６月には東京の清瀬市議会でも日本軍「慰安婦」問題を公式に認め謝罪し賠償することを求める内容の意見書が採択されました。それから５カ月後の11月には札幌市議会でも意見書が可決されました。

地方議会における意見書の採択はこれに止まらず、北海道から沖縄まで日本全国に広がっています。

地方の活動に後押しされて東京でも国会議員に対する市民の積極的な活動が展開されています。謝罪と賠償のための特別法制定を実現するため、日本の市民団体は国会議員との小さな集会を重ねています。2008年６月には、国会議員が出席する中、中国の万愛花さんと韓国の吉元玉ハルモニを招いて市民主催の公聴会が開かれました。その他にもアメリカ、ヨーロッパ、フィリピンの被害者を招いて東京、大阪、福岡、北海道などを巡回しながら「慰安婦」決議に応えようという全国的な活動を展開しています。

日本軍「慰安婦」問題に関する日本の市民の活動は、かつてなく大きな進展を遂げています。日本の右翼団体や右派メディアの様々な反対にもかかわらず、過去をきちんと認め反省しようという動きを見せているのです。韓国のハルモニたちは、日本軍「慰安婦」にされた経験を、これ以上恥ずかしく思わないことを決心して世に出てきました。日本の市民社会も、自国の恥ずかしい歴史をさらけ出すことによって、その恥ずかしさを克服しようと考えているのでしょう。いつ、どこででも、このような歴史は繰り返されうると思うから、この人たちは自国の利益や名誉よりも、より大切な人権を選択したのです。そして、このような営みを通して未来を切り拓いているのです。みんなが共生できる世界のために。

ベトナム、私たちの宿題

ベトナムについても、少しお話ししたいと思います。ベトナム戦争の時、韓国軍がはたらいた性暴力と戦争犯罪は、あまり知られることもなく傷として残っています。もしかしたら日本軍「慰安婦」問題に対する回答は、私たち自身が持っているのかもしれません。ベトナムに、その答えがあるのではないかと思うのです。加害国の立場で多くの人々が関心を持って参加するなら、韓国政府の動きも変わってくるはずです。

ベトナムの傷を治癒するために、私たちはどのような行動をしているでしょうか？　韓国の人権団体が参加して、ベトナムに学校などを建てる運動が2000年以降、始まりました。2003年、韓国の新聞社が主催して「恥ずかしい歴史に許しを請おう——ベトナム戦民間人虐殺、その悪夢を清算するための募金キャンペーン」がおこなわれました。その後、市民団体、人権団体がベトナムの民間人虐殺と戦争犯罪に対する「真実究明と謝罪」を求める活動を開始しました。こうして集まった１億ウォンを超える募金と様々な団体の支援により、フーエン省に「韓国—ベトナム平和公園」を建設しました。その他にも「ナワウリ」（私と私たち）など、たくさんの民間団体がベトナムに学校を建てたり平和活動を展開したりしています。

ベトナムに対する関心は、挺対協の周辺でも広がっています。尹貞玉先生は2001年に挺対協の共同代表を辞めてベトナムの戦争被害者に対する調査を開始しました。そして今は彼らを支援する「韓国ベトナム市民連帯」を結成、ベトナムに学校を建設し、生徒たちにパソコンと学用品を送るといった支援活動をおこなっています。『ナヌムの家Ⅱ』（原題「低い声」）に出演した李容洙ハルモニも、ベトナムを訪問しました。当初、ハルモニはベトナムで韓国軍の被害にあった性暴力被害者に会うことに否定的な考えを持っていました。ハルモニは、ベトナムに行きたくて行ったわけではありませんでした。でも、ハルモニは勇気を出して、ベトナムに行き、被害女性たちと会って、彼女たちに先に手を差し出しました。

「私は、日本政府に対して、私に性暴力を振るい、私の人生を蹂躙した罪について謝罪し賠償してほしいと、毎週水曜日にソウルの日本大使館前でデモをしています。みなさんも今後、ベトナムにある韓国大使館の前で被害に対して謝罪し賠償しろとデモをしたらどうですか。私も支援します」

日本軍「慰安婦」被害者とベトナムの被害者が出会って活動し、さまざまな団体がベトナムで起きたことに対する真実を明らかにするために努力しています。しかし、李容洙ハルモニがおっしゃったように、ベトナムの被害者も韓国大使館の前でデモをしなければならない状況です。ベトナム政府が公式に要請はしていませんが、私たちは責任意識をきちんと持たなければなりません。市民団体の努力にもかかわらず、ベトナムは今も私たちの宿題として残っています。

正しく考え正しく知る

時には、私たちを混乱させる真実があります。これまで見てきた日本軍「慰安婦」問題のように、よく知られていなかった歴史だとしたら余計にそうだと思います。多くの人々が問題の本質を理解しようと努力し、共に解決していく機会がないからです。このような問題には、表面的に見えるものよりも、もっとたくさんの真実が隠されているものです。私たちは、第２次世界大戦という特別な状況と、当時の日本の誤った選択が日本軍「慰安婦」問題を説明するすべてではないことを知っています。

私たちが持っている男性中心主義の歴史観も大きな問題だったことを知りました。そしてそれを認めようとしない態度にも問題があることを知りました。

しかし、これまで私たちはたくさんの人権団体とハルモニたちの必死のたたかいを見守りながら、日本軍「慰安婦」問題は日本と韓国だけの問題だと捉えていたのではないでしょうか。そして、過去の問題だと考えていたのではないでしょうか。しかし、それは明らかに今、この時代を生きる私たちの問題であり、私たちが共に解決しなければならない問題なのです。目に見えるもの、そして大勢の人が一方的に主張することの中から、このような真実を知ることはできません。知る力は、まさに私たちの内側にあったのです。そして、私たちの周囲にありました。問題を起こした側にすべての責任を押しつけて、自分には何も問題はないと考えた瞬間、「人権」や「平和」といった言葉は遠く離れていってしまうでしょう。

戦争のない世界、そして戦争によって女性たちが苦痛を受けることのない世界をつくるために、私たちが真っ先にすべきことは、歴史を多角的に幅広く認識することです。歴史は、過去に起きたことでもなく、決して不変のものでもありません。強者によって記録され、教科書に記載される歴史がすべてではないのです。今を生きる私たちが十分に変えることができ、美しく整えることもできるものです。もちろん、私たちが新しくつくっていく歴史は、我執《がしゅう》や独善を捨てて、温かい視線で世界を見つめることから始めなければなりません。そうするなら、歴史は社会的弱者にも配慮するものとして書き直されるでしょう。まさに「人権」という名で。

もちろん、知るということだけで問題が解決するわけではありません。正しく知るということは、参加する勇気ができたことを意味しています。もうみなさんは、黄色い蝶々のプラカードを持って、日本大使館前に駆けつけることができるでしょう。そこでみなさんは、人権と自由と平和を叫ぶ人々と肩を並べることができるはずです。みなさんが参加し、関心を持つ瞬間から、私たちの歴史は少しずつ変化していくでしょう。

「みなさんが私たちの栄養剤です」

いつの間にか、また水曜日になりました。今日は、とても新鮮な気持ちで水曜デモを迎えています。それは、たくさんのことを知ったからです。日本軍「慰安婦」がどのように生み出され、私たちがなぜこの問題に関心を持って闘わなければならないのかについても、正確に知ることができたからです。

午前11時40分、赤いワゴン車が日本大使館前に駐車します。

「ここは駐車禁止です」

日本大使館の警備を担当してまだ日の浅い警官のようです。挺対協関係者が窓を開けて余裕たっぷりに言います。

「私たちはここで12時からデモをするんです。もう20年も毎週水曜日にやっています。警察署で確認してください」

ハルモニたちが車から降ります。三々五々、人々が集まり始め、スピーカーから音楽が流れ始めます。

「みなさんが私たちの希望で、夢です。そして私たちの栄養剤です。私たち年寄りには力がありません。みなさんが一緒にいてくれるから、私たちも力が出ます。あの日本大使館前に立っている警官もご苦労だと思います。でも、私たちと同じ気持ちだということは分かっています」

ハルモニの話を聞いた警察官たちが苦笑いをしています。警察官たちにもハルモニの気持ちは伝わっているはずです。ハルモニは、私たちに向かって力強く語りかけます。今、希望は現在と未来を担っていく私たちにあると。再びハルモニたちのような被害者を生まない世界、再び日本軍「慰安婦」問題のような犯罪が繰り返されない世界が、ハルモニたちが望む未来であるはずです。

「日本政府にもひと言言いたいと思います。歴史は隠そうとしても隠せるものではありません。歴史は、そして真実は、きちんと明らかにして人々に広く知らせ、教育しなければなりません。そうしなければ平和を守ることも、人権を回復することもできないでしょう。日本政府の罪は、かつて私たちのような女性に対して罪を犯したこと以上に、その罪を認めないこと、反省もせず謝罪もしないこと、賠償もしないこと、それこそが許されないもっと大きな罪です。もう許しを得る時間も、いくらも残っていません。私たちが死んでしまったら、誰が日本政府を許してあげられるんですか？」

みな、拍手でハルモニを応援します。この大きな拍手が、ハルモニの栄養剤なのです。そして今この瞬間、ハルモニを応援するみなさん全員がハルモニの栄養剤になっています。ハルモニは、自身の名誉よりも貴重な何かをプレゼントするために長い間、私たちの側にいてくださるでしょう。

時には沈黙が最も辛い後悔を生むこともあります。時には沈黙がたくさんの人の心を傷つけます。だから私たちは、ハルモニたちに拍手を送ります。日本軍「慰安婦」に関する真実を誰よりも多く知っている私たちが、未来を切り拓いていかなければならない私たちが、ハルモニたちに大きな拍手を送るのです。

車に乗って大使館に行こう、そこで死のう

日本政府が責任を回避したまま月日が経つうちに、「できることなら解放された世の中でもう一度生きてみたい」と言っていた被害者たちも、80歳を超えた高齢者となりました。すでに故人となり、会いたくても会えないハルモニも増えています。ハルモニたちが死を前にして、最後まで諦められなかったことは何か、みなさんは分かりますか？　ここで私は、ハルモニたちが私たちに託した遺言と、その遺言を守るために何をすればいいのかについて考えてみたいと思います。

解放後、「慰安婦」にされた後遺症で苦しい日々を送ってきて、1992年に挺対協を訪ねてきた姜徳景ハルモニ。姜徳景ハルモニの遺言はどのようなものだったでしょうか？

姜徳景ハルモニは、1997年２月２日に最期を迎える直前まで、日本軍「慰安婦」問題解決のため本当に積極的な活動をしました。国連人権小委員会にも出向いて証言しました。何よりも、日本軍の蛮行と自身の痛みを絵画で表現して、各国に日本軍「慰安婦」問題を知らせました。そ

して、姜徳景ハルモニは、私たちに決して忘れてはいけない一つの宿題を残して逝かれました。

ハルモニは、1995年に肺ガン末期の宣告を受けました。苦痛に身もだえながら闘病生活をしていたハルモニは、ある水曜日、身動きも厳しい状態でこんなことを言いました。

「水曜デモに行かなきゃ。病気だからってこんなところで寝ていたら、日本は私が諦めたと思うじゃない。行かなきゃ」

ハルモニのその意志は誰にも止めることができませんでした。救急車に乗って日本大使館前に着いたハルモニは、その日もマイクを握って日本政府に公式謝罪と賠償を求めました。

その後、急速にハルモニの病状が悪化しました。身体はどんどん小さくなり、呼吸は荒くなりました。見ているだけでも辛くてたまらない時間が続きました。ところがハルモニは、息を引き取る直前まで、荒い息の合間に日本政府に向かって「憎たらしい奴ら、とんでもない奴ら」と恨《ハン》をはき出すように言い続けたのです。最後まで安らかに目を閉じることができない現実。それがハルモニたちの現実でした。その姿を私は今も決して忘れることができません。おそらく生涯忘れることはないでしょう。

一方で、ハルモニは自身の希望を捨てることはありませんでした。「私たちはそんなに簡単には死にません。日本が私たちを強くしたんです。全世界の人々にこの問題を知ってもらいたいと思います」

すでに肺ガンで死の宣告を受けながらも、ハルモニは自身が経験した過去の歴史は絶対に消し去ってはならないという強い思いをとなえ続けました。

命の灯火が消えかかってからも、ハルモニはかろうじて最後の息を続けていました。その苦しみは見るに忍びず、もう死がすぐそこまで来ていることが傍目にもわかる、そのような状況の中でも、ハルモニは必死にしがみつき、命を手放そうとしませんでした。ハルモニの傍らにいた人々はハルモニに最後の挨拶を始めました。私も最後の言葉をかけました。

「ハルモニ、もうお休みください。私たちを信じてください。ハルモニが叫んだこと、私たちが忘れないで、最後までたたかいますから、すべての重荷を下ろして安らかにお休みください」

そんなふうに一人、また一人、ハルモニの前で日本軍「慰安婦」問題解決のためにどう活動していくのかについて語りました。そして、ハルモニは目を閉じました。絶対に死なないというハルモニの執念、全世界の人々にこの問題を知らせてほしいというハルモニの願いは、今、挺対協で働く私たちに、ハルモニの遺言として刻まれています。

「他のことは全部忘れても、この胸に残っているもの、こればっかりは消すことができない。消えないんだよ」2005年に亡くなった金相喜ハルモニは、恨《ハン》のこもった最後の絶叫を残して逝かれました。

「車に乗って大使館に行こう、そこで死のう」病床から起き上がることもできない状態になった朴頭理ハルモニは、少しでも具合がよくなると、手は宙に舞わせながらこう言いました。

他のハルモニたちよりも少し遅れて2002年から参加し始め、暑い日も、寒い日も欠かさず水曜デモに参加している吉元玉ハルモニは、青少年たちに会うたびに、二度と自分たちのような辛い歴史が繰り返されないようにしてほしいと訴えます。

「私たちは何も知らないから、あんなひどい目にあいました。知っていれば、もう少しましだったのではないでしょうか。あそこに連れて行かれてかかった病気のせいで、頭のてっぺんから足の先まで、悪くないところがありません。それでも、こうして証言しているのは、私がされたことを知らせて、皆さんが私のような目にあわないようにしたいからです」

こうおっしゃる吉元玉ハルモニは、博物館を必ず建てなければならないと言います。「戦争を止めなければなりません。私たちのような犠牲者が再び出ないように、平和な国を必ずつくらなければなりません。そのためには、博物館が早く建てられて、次の世代が私たちの歴史を見て学んで、私たちのようにだまされたり、私たちのような目にあったりすることがないように、あんな厳しい歳月を送ることがないようにしてもらいたいと思います」

日本に住んでいる宋《ソン》神《シン》道《ド》ハルモニも、「オレみたいなオナゴがいたってことを映画にでもして残してけろ」と、日本で活動している「在日の慰安婦裁判を支える会」によく言うそうです。宋神道ハルモニは、日本軍「慰安婦」経験について話をするたびに、結論として「戦争は二度としないこと！」と訴えます。

ハルモニたちのこのような遺言を胸に、挺対協は2004年12月日本軍「慰安婦」被害者の名誉と人権を回復し、未来世代に平和な世界を引き継ぐための「戦争と女性の人権博物館」建設にとりかかりました。これ以上遅くなる前に、被害者たちの名誉と人権を回復し、このような犯罪の再発を防ぐために、記憶し、教育し、問題解決のために行動する博物館をつくることにしたのです。ハルモニたちの意志を受けて、日本軍「慰安婦」だけでなく現在も続く戦争と、その戦争によって苦痛を受けている人々の痛みを知らせ、問題を解決するために支援し、共に連帯することにしたのです。

始まりはしましたが、政府の支援もなく、企業の支援もなく、国民の募金で博物館を建設するのは、奇跡を願うくらい大変なことでした。その大変さに呆然としている時に、その奇跡の始まりを、日本軍「慰安婦」被害者たちが開いてくださいました。ハルモニたちは、政府から出ている生活支援金を貯めて100万ウォン、200万ウォンという寄付金を出してくださったのです。金福童ハルモニは、長い間貯めてきた貯金を解約して1000万ウォンという大金を寄付してくださいました。

ハルモニたちが出してくださった寄付金は基金となり、その基金の上に学生、修道女、労働者、スポーツマンなど全国各地から募金が集まりました。インターネットでも、募金活動がおこなわれました。日本からも良心的な市民たちが参加しています。ハルモニたちの意志を生かす博物館は、このような大勢の人々の参加と努力で必ずや建設されるでしょう。

日本軍「慰安婦」被害者ハルモニたちの犠牲が無駄にならないように、ハルモニたちの遺言が実行される世界のために、私たちにできることは何でしょうか？　始まりはいつも小さな「1つ」かもしれませんが、みんなで願えば一つが「2つ」になり、それか「10」になり、「100」になり、「1000」になる日が必ず来るということを、私たちはこの20年間の水曜日を通して学びました。ハルモニたちの堂々たる叫びが世の中を変える巨大な希望となる日、ハルモニたちがあれほど願っていた、誰もが平和に暮らす世の中は必ず訪れるでしょう。

「公式謝罪」

20年間の水曜日、それは希望に向かう連帯です

それは、3年ほど前のことでした。梅雨入りした6月のある水曜日。その日も雨が降り、黄色い雨合羽だけでは足りず、私たちは黄色い傘をさして日本大使館前に立ちました。いつものように、その日も水曜デモ参加者の自由発言が続き、日本から来た高校生たちがハルモニたちの前に立ちました。傘をさすことすら申し訳ないと思っているのか、高校生たちは雨に打たれながら、小さな声で話し始めました。

そんな高校生たちを最前列に座って見ていたハルモニたちが、「この子たちに傘をさしてあげて」と言った時には、すでにたくさんの人が出てきて黄色い傘をさしかけていました。そしてデモ終了後、参加者たちは高校生たちに駆け寄り、その手を握りしめました。「参加してくれてありがとう」「大人になったらこんなことの被害者にも、加害者にもならないようにしよう」その出会いと連帯の場には、韓国と日本という国籍の違いはありませんでした。日本軍「慰安婦」問題を解決するために努力する被害者たちと共に手をとりあう青少年の姿があるだけでした。

ところがその日の夜、その高校生たちの声がラジオから流れてきたのです。

「今日、水曜デモに参加しました。日本軍『慰安婦』ハルモニたち怒られるのではないかと心配でしたが、ハルモニたちは雨に打たれている私たちを見て傘をさしてくれて、手も握ってくれました。まるで本当のおばあちゃんがしてくれるみたいに。こんなに暖かいハルモニたちが、日本政府のせいで長い間、苦労してきたと思うと、いまだに問題を解決できていない日本政府に腹が立ちました」

それを聞きながら、私はとても幸せな気分になりました。ハルモニたちの世の

中を変えたいという思いが、また一つ実を結んでいると感じたからです。

時は流れ2011年３月11日、日本の東北地方を大地震と大津波の惨事が襲いました。自然の巨大な力に押し倒され破壊される、人間がつくった社会、そして為す術もなく命を落としていくたくさんの人々を目の当たりにして、誰もが同情と哀悼の思いで一杯になったと思います。ハルモニたちも同じでした。「代表、今度の水曜デモは私たちの問題はとりあえず置いておいて、日本の被災者のための追悼集会にしましょう」そう言って、吉元玉《キルウォノク》、金福童《キムボクトン》、李《イ》順徳《スンドク》ハルモニがそれぞれ10万ウォンずつ封筒に入れ、被災者支援の募金を始めようと言ってくださいました。ハルモニたちは、国籍や性別を越えて、「人々」が経験した痛みを共有していたのです。

この他にも、20年間の水曜デモを通して、ハルモニたちが私たちにくださった贈り物は数え切れません。若い私たちがハルモニたちに元気をあげたいと思ってきましたが、いつもハルモニたちから元気をもらい、希望をもらってきました。ハルモニたちから「人類愛」とは何か、「平和」とは何かを学び、ハルモニたちのおかげで「私たちの中にある暴力」を知り、「すぐそこにある類似犯罪」に気づくことができました。そして、それらの問題を解決するため、国家の枠組みを越えて手を取り合うことができました。

ハルモニたちが生んだ美しい奇跡を、より多くの人々と分かち合いたくて、拙《つたな》いながらも、挺対協創立20周年にあたる2010年11月16日に、ウンジン出版社の協力を得て本書を出版しました。私たちがハルモニたちとつないだ手、その手をもっと多くの人々とつなぎたいという思いを、この本に込めました。そんな思いが、日本語版出版という奇跡を生んだことに、感謝するばかりです。

ハルモニたちが私たちに伝えようとした希望の歴史が、日本の若い人たちの中に、市民の中に広がっていくことを願っています。一度つないだ手は決して放さずに、考え方の違いがあったとしても、もっと積極的に手を取り合える人々を見つけて、そんなふうに歩んでいけたらと思います。これまでの20年間、大勢の人々の苦痛と努力、連帯が集まってつくられてきた水曜デモが、いつの間にか希望の歌に変わっていったように、今後も希望の歴史、ハルモニたちが示してくれた驚くべき勇気の歴史を学び続け、広めていくことができたら、その日はもう少し早く来るのではないでしょうか。

日本軍「慰安婦」被害者たちが望む世界、今も世界各地で続く戦争によって苦しんでいる女性や子どもたちが望む世界、それは日本の市民が望む世界と同じものだと思いませんか？　私は、私たちが望む世界は同じだと思っています。戦争のない世界、性暴力のない世界、弱者の人権が保護される世界、そんな世界は私たちみんなが共に夢見る世界だと思うのです。

私たちが綴ってきたこの希望の歴史を、日本の市民に完成させてほしいという願いを込めて、拙著を上梓します。日本語版の出版を快諾してくださったウンジン出版社に感謝し、翻訳してくださった梁澄子さん、日本語版出版を企画し推進してくださった方清子さん、日本の東方出版に感謝を申し上げます。

2011年6月

尹美香

訳者あとがき

水曜デモが始まった年に生まれた赤ん坊たちが、来年20歳になります。この本は、日本軍「慰安婦」問題解決運動の20年を、自らの成長期としてきた若い人たちに、著者が贈るラブレターのような書です。そして、著者をはじめ、この運動に関わってきた人々にとっても、この20年が大きな成長期であったことを告白する書でもあります。

20年前、日本軍「慰安婦」被害者たちの無念と怒りの証言を初めて聞いた時、私たちはただただ驚き、知らなかった、あるいは知ろうとしなかった自らを恥じるばかりでした。その後の運動は、被害者たちの負った傷の本当の深さを知っていく過程でした。それは、私たち自身も傷つき、途方に暮れ、逃げ出したくなる日々でもありました。しかし、「知ってしまった」者の責任意識で歯を食いしばった先に、被害者たちとの信頼関係と、大きな学びと喜びが待っていました。そして、これらすべてを次の世代に伝えることは、ハルモニたちから託された、私たち自身の役割だということに、今、私たちは気づいています。

その役割を果たすべく書かれた本書が、韓国同様、日本でも多くの人々に読まれることを願ってやみません。

2011年6月

梁澄子

本書刊行の経過と編集にあたって

刊行の経過　韓国挺身隊問題対策協議会結成20年を期して出された本が韓国内で反響を呼んでいるのを知り、日本の若者たちにもぜひ読んでもらいたいと、日本語版出版を思いたちました。出版準備のさなか、中学校教科書検定結果が公表され、すべての歴史教科書から「慰安婦」という文字が消えたことを知りました。日本軍「慰安婦」の歴史が封印されようとするいま、この本がハルモニたちの希望の叫びとともに日本のみなさんに届くことを願い、金学順ハルモニが初めて名乗り出た8月14日刊行を目指しました。　2011年7月　方清子

編集にあたって　1　原文の固有名詞ルビは原則として初出のみとした。2　原書での証言は、韓国挺身隊問題対策協議会/韓国挺身隊研究所編として刊行した『強制連行された朝鮮人慰安婦たち』の証言集1（1993年）、証言集2（1997年）、証言集3（1999年）、証言集5（2001年）―いずれも証言集1～3は図書出版ハヌル、5は図書出版プルピッー、韓国挺身隊問題対策協議会付設戦争と女性の人権センター研究チーム　『歴史を作る物語―日本軍「慰安婦」女性の経験と記憶―』（図書出版女性と人権、2004年）などによる。3　編集スタッフ　◎企画・編集実務＝日本軍「慰安婦」問題・関西ネットワーク◎日本語版装丁＝韓基大◎編集責任者＝川瀬俊治

[著者、訳者プロフィール]

尹美香（ユン・ミヒャン）

「韓国挺身隊問題対策協議会」（挺対協）常任代表。日本軍「慰安婦」ハルモニたちとともに毎週水曜日、ソウルの日本大使館前で水曜デモを開催している。1992年挺対協結成時、幹事として活動、日本軍「慰安婦」ハルモニたちを訪ねて証言を記録、「世界中に私たちの問題を知らせてほしい」という姜徳景ハルモニの遺言は、「信じて逝ってください。最後まで闘います」という強い意志と所信として残る。「戦争と女性の人権博物館」建設を推進し、EUヨーロッパ連合議会の決議案を引き出すなど活動している。挺対協は日本軍「慰安婦」問題解決のために1990年11月16日、37の女性団体が集まり結成。1992年1月8日より水曜デモを主催、被害者支援活動、国連人権委員会への上程など国内外で活発に活動。戦争と悲劇の歴史を忘れないという意志で「戦争と女性の人権博物館」建設のための市民運動を展開している。

梁澄子（ヤン・チンジャ）

通訳・翻訳業。一橋大学などで非常勤講師。在日朝鮮人「慰安婦」被害者、宋神道さんの裁判支援運動を中心に、1990年代初めから日本軍「慰安婦」問題に関わり続ける。現在、「戦争と女性の人権博物館（WHR）日本建設委員会」（http://www.whrmuseum-jp.org/）代表、「日本軍『慰安婦』問題解決共同行動2010」共同代表。共著に『オレの心は負けてない』（樹花舎、2007年）など。

※この本の販売収益は「戦争と女性の人権博物館」建設基金として寄付されます。
韓国の出版社ウンジンジュニアが上記趣旨に賛同してまず韓国で本書を刊行。日本側の希望を受け入れて今回全面的協力を受けて実現しました。

20年間の水曜日—日本軍「慰安婦」ハルモニが叫ぶゆるぎない希望—

2011年8月14日　初版第1刷発行

著　者　尹美香

訳　者　梁澄子

発行者　今東成人

発行所　東方出版（株）

〒543-0062 大阪市天王寺区逢阪2-3-2

TEL 06-6779-9751　FAX 06-6779-9573

組　版　（株）国際印刷出版研究所

印刷所　大韓印刷所（ソウル）

Wednesday for 20 years

This Japanese edition was published by TOHO Shuppan Inc. in 2011 by co-production with Woongjin Think Big Co., Ltd., KOREA.

※落丁本・乱丁本はお取替えいたします。ISBN978-4-86249-183-1 C0036